I0128398

DURCH DIE WIENER QUARTIERE DES ELENDS UND VERBRECHENS

CITY LIGHTS, BAND I

Emil Kläger

Durch die Wiener Quartiere des Elends und Verbrechens
Ein Wanderbuch aus dem Jenseits

Mit einem Vorwort von Regierungsrat
Prof. Dr. Friedrich Umlauft

Illustrationen nach Original-Photographien von
Gerichtssekretär
Hermann Drawe

Faksimile-Ausgabe des 1908 im Verlag von
Karl Mitschke, Wien, erschienenen Buches.
Herausgegeben und mit einem Nachwort von

Ernst Grabovszki

danzig & unfried

Emil Kläger

Durch die Wiener Quartiere des Elends und Verbrechens.

Ein Wanderbuch aus dem Jenseits.

Von

Emil Kläger.

Mit einem Vorwort von Regierungsrat
Prof. Dr. Friedrich Umlauft.

Illustrationen nach Original-
Photographien von
Gerichtssekretär
Hermann Drawe.

Verlag von Karl Mitschke
Wien 1908.

Nachdruck verboten.

Alle Rechte, insbesondere das Übersetzungsrecht und das der „Wiener Urania" zustehende Aufführungsrecht vorbehalten.

Meiner Mutter Caroline Kläger

in treuer Liebe.

1.—10. Tauſend.

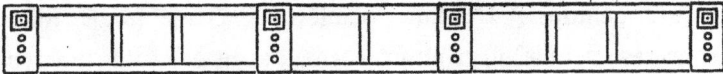

Bei dem vorliegenden Buche ist die Wiener Urania Pate gestanden. Sein Inhalt hat in knapper Fassung den Stoff zu einem Lichtbildervortrage: „Durch die Wiener Quartiere des Elends und Verbrechens" geliefert, der nach fast dreihundertmaliger Wiederholung noch heute auf dem Repertoire steht. Wenn ein einfacher Vortrag gleich einem Zugstücke ersten Ranges auf einer großen Bühne Tausende und Abertausende ergreift und fesselt und durch zwei Jahre ungeschwächt seine Anziehungskraft ausübt, so bedarf dies für diejenigen, welche ihn noch nicht kennen, der Erklärung.

Unsere von krassem Materialismus beherrschte Zeit hat doch auch eine schönere Seite, welche an der höheren Wertschätzung des Individuums und in gesteigertem Mit= gefühl mit den Stiefkindern des Schicksals zum Ausdruck kommt. Ihnen, die sich von der Gesellschaft verstoßen fühlen oder in ohnmächtigem Trotze sich selbst ausgestoßen haben und nun in menschenunwürdigem Elend schmachten, ist der genannte Vortrag gewidmet. Muß schon solch trauriges Geschick überhaupt jedem, der zu den Glücklicheren zählt, nahe gehen, so erschüttert es noch viel tiefer, wenn wir es in unserer unmittelbarsten Nachbarschaft sehen. Klägers Vortrag enthüllt uns lebendige Gegenwart an Ort und Zeit. Er führt uns zu all den Stätten, welche die Obdachlosen mit oft merkwürdiger Findigkeit zum Nachtquartiere sich erwählen, zu den Sammelkanälen an der Donau und der Wien, den Aubusch des Praters, in glühendheiße Ziegelöfen an der Peripherie der Stadt, zu den öffentlichen Wärmestuben; die in den Massenquartieren Nächtigenden stehen schon auf einer höheren sozialen Stufe. Scharf treffen in der Großstadt die Kontraste aufeinander, wo sich hart neben oder unter den Wohnungen der Reichen, der Sorglosen, der Vergnügten die Quartiere des Elends finden.

Es sind die düstersten Bilder verlorenen Menschentums, die uns in Klägers Vortrag vor die Augen gerückt werden. Und es geschieht dies mit hinreißendem Temperament und geistvoller Kraft, ja vielfach in der dramatischen Form des Dialogs. Daher die tief ergreifende Wirkung.

Das Buch, welches nun dem Vortrage folgt, gilt demselben Stoffe, den er weitausgreifend umfaßt, voll psychologischer Feinarbeit und plastischer Charakteristik.

Wenn es uns ebenfalls mächtig ans Herz greift, unsere Nerven gewaltig aufpeitscht, so will es sich aber

2

damit allein nicht zufrieden geben. Es wendet sich noch vielmehr an alle diejenigen, denen es Pflicht oder Mitgefühl zur Aufgabe machen, sich der Elenden zu erinnern, ihre Lebenslast zu erleichtern, ihr Leid zu mildern. Indem es das Schrecklich-Traurige, das sich tagtäglich mitten unter uns vollzieht, ehrlich aufdeckt, weist es wohl so manchem den Weg, den er nun in dem Wunsche zu helfen beschreiten soll und bisher vielleicht wegen mangelnden Einblicks in die Verhältnisse verfehlt hat.

In Emil Kläger aber haben wir wohl ein starkes, aufsteigendes Talent zu begrüßen, das zum erstenmale mit Blitz und Ungewitter auf den Plan tritt, in seinem Sturm und Drang aber den Kern einer Zukunft in sich trägt.

Prof. Dr. Fr. Umlauft.

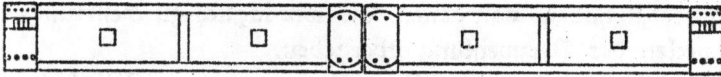

Dieses Buch ist den Elenden gewidmet, den Verdammten der Gesellschaft, den Lumpen von Schicksals Gnaden.

Es ist nicht von den fleißigen, zögernden Händen des Gelehrten gefügt und meidet die kahlen Wege der Theorie, die in die toten Unendlichkeiten papierner Reflexionen münden. Es bringt Wirklichkeiten von heute und gestern, lebendiges Leid, das besteht und physischen Jammer rund um die fortschrittstrunkene, prahlerische Hochkultur der Großstadt.

Sehet Menschen, von Hunger gewürgt, von Krankheit verdorben, die im Kote nächtigen. Männer und Weiber in fliegenden Lumpen, gehetzt durch unsere blanken Straßen, deren Reichtum sie besudeln könnten, hinabgedrängt in die Kloaken und auch dort noch verfolgt von der Wut unserer Ordentlichkeit.

Ihre Liebe ist das Brot. Ihr Ehrgeiz ein Lager für die Nacht, ihr Haß aber die satte Gesellschaft.

Alle, die das Leben verhärtet hat, mögen aufhorchen. Und auch jene, die sich kämpfend einen guten Platz erstiegen haben, sollen hören, von den Tausenden, deren wir uns

5

entledigt haben, von denen, die wir täglich zu Besserungs-
zwecken der Verzweiflung übergeben.

Oh, wir haben auch mit ihnen gerechnet. Wir haben
ihren Sündenstand gewogen. Ihr Maß ist voll.

Aber höret und habt den Mut zur Gerechtigkeit,
ruft das Gesetz zu Hilfe, wenn ihr nicht betäubt seid von
dieses Unglücks Grauen. Greift zur Abwehr nach dem
geächteten Requisite der Tugendsamen, der Moral. Wie
gering und lächerlich klein ist dieses kluge Ungeheuer,
gemessen an dem ragenden menschlichen Unglück. Sein alles
erstarrender Atem verdirbt an dem lodernden Leben.
Naturinstinkte höhnen diesen Moloch, der mit schielenden
Schulmeisteraugen in dem Prachtgarten menschlicher Sehnsucht hockt.

Dieses Buch ist den Elenden gewidmet. Vor ihrem
Kreuz mich neigend, tief ergriffen und im Gefühl der
Schuldbeladenheit. Den Gewinn der Monate, die ich unter
ihnen gehaust, vermag ich nur dürftig in diesen Skizzen
wiederzugeben.

Just ein paar grelle Töne aus der Symphonie
ihres Unglücks, der ich, krank vor Ekel und Entsetzen,
in fürchterlichen Nächten gelauscht. Sind nur ein paar
Griffe in den Bodensatz unseres Lebens, der heimlich und
ängstlich verhüllt dahinzieht unter den Wunderwerken und
Prächten unserer Kultur . . .

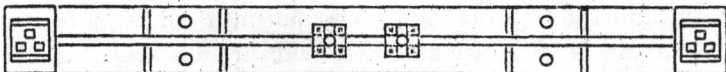

Ein Nachtstück.

Es knallte, und die Leute auf der Straße vergaßen ihren Weg und liefen. Jemand hatte gerufen: Da hat sich einer erschossen. Und alle liefen hin, als könnte man dort billig kaufen.

Stießen sich die Leute so und tummelten sich, weil sie ein Schicksal erfahren wollten?

Ein Kutscher und noch einer hoben ihn auf, der tot war. Sie hielten ihn an den Aermeln fest und sahen ihm hastig ins Gesicht. Da wurden ihre neugierigen Blicke ernst. Das Gesicht war verzogen und gelblich glänzend, und halberstarrtes Blut lag wie ein rotes Siegel auf dem offenen Mund.

Ueberall stauten sich die Passanten, fragten und stritten. Sie schauten einander über die Achseln auf die Leiche, die schwarz gekleidet war wie zu einer Antritts- oder Abschiedsvisite.

Ich stand mitten unter ihnen auf dem engen Plateau der Straße und sah erschreckt nach dem Leichnam, der jetzt mit emporgehobenem Gesichte dalag, als wollte er nach der Sonne sehen: Das war Franz Licht, mein ehemaliger

Schulkamerad. Ich fühlte, wie sich mit einemmale ein Bann auf mich legte und mich festhielt und das atemlose grauendurchbebte Staunen, das mich umgab, sich auch meiner bemächtigte.

Aber nur Sekunden währte die Erstarrung der Menschen, die sich in der Jagd der Straße zusammengeballt hatten. Ein Wachmann erschien, hielt die Hand am Säbel und schrie. Eine Decke wurde über die Leiche geworfen und ein paar Augenblicke später floß der Menschenknäuel auseinander und eine Welle eilenden Lebens fegte über den Platz hinweg . . .

Am nächsten Morgen las ich in den Tageszeitungen: Selbstmord eines Studenten. „In der Alserbachstraße nächst dem Althanplatze ereignete sich gestern kurz nach Mittag ein Aufsehen erregender Vorfall. Der 23jährige Student Franz L. entleibte sich auf offener Straße durch einen Revolverschuß. Der Tod war sofort eingetreten. L., der aus wohlhabendem Hause stammt, hatte in den letzten Jahren seine Studien vernachlässigt und sich mit seinen Eltern überworfen. Er sank immer tiefer, war zuletzt unterstandslos und verwahrloste derart, daß er in Kanälen und Massenquartieren Unterschlupf suchen mußte. Gestern erschien er bei einem ehemaligen Schulkameraden und entlieh von ihm einen schwarzen Anzug, den er angeblich brauchte, um sich bei einer Firma vorzustellen. Ob er sich wirklich um einen Posten bekümmert hat, ist unbekannt. Als er sich tötete, trug er die geborgten Kleider."

Nun blieb kein Zweifel. Der Tote von der Straße war Franz Licht, der Verlorene, Verfemte. Diese vorausgefühlte Tatsache überfiel mich dennoch jäh. Und vor mir

8

stiegen mit wunderbarer Lebendigkeit die Szenen einer
Nacht auf, die ich ein paar Wochen vorher durchlebt hatte.

———————————

Es war eines Abends in der Brigittenau. Nach
Mitternacht. Die Straßen lagen dunkel und tot. Ganz öde
war der Stadtteil, schien in sich versunken zu schlafen, wie
die Armut schläft: in einem Krampf der Erschöpfung.
Lautlos . . .

Ich bummelte langsam an diesen Häuserblocks vorbei, deren Fassaden aussehen, wie die Toilette einer Arbeits-
frau, die hier haust. Ein Kleid aus billigstem, grobem Stoff,
abgeschossen und geflickt, aber hier und dort ein grelles
Band und eine Brosche aus Talmigold.

Und doch schienen mir die Fassaden noch das Beste
an diesen Häusern. Hier haben sich die Besitzer wohl aus
Anstandsgründen zusammengenommen, um den Jammer
im Innern nicht zu verraten. Darum sind diese Fassaden
aufgezogen vor den Häusern der Not.

Aber es nützt nichts. Wie mutlos und innerlich krank
stehen die Gebäude da, müde, als ob sie sich kaum aufrecht erhalten könnten. Durch die Poren ihrer Wände
sickert es durch. Etwas Unsagbares, Häßliches. Man hat
das Gefühl, daß durch die Mauern Fäulnis schleicht und
kriecht und die Fassade trübselig macht.

Ohne einen Menschen zu begegnen, gelang ich in
die Wallensteinstraße. An Dutzenden Geschäften vorüber,
deren Schilder sich in bunten Farben zu überschreien suchen,
deren Portale schlecht passen. Ich muß daran denken, daß
nirgends so viel Geschäfte für Lebensmittel so dicht neben-

einander stehen, wie hier, wo den Leuten die Mittel zum Leben fehlen.

Bei der Brigittabrücke steht ein Wachmann. Unter der Lampe vor der Türe eines Nachtcafés. Bewegungslos. Helm und Säbel des kleinen gutgewachsenen Mannes funkeln in dem gelblichen Licht. In dieser Umgebung wirkt die freundliche, vorne in einem Spitzbauch zulaufende Figur fast vornehm glänzend.

Vor ihm die Brücke ist leer und unheimlich still. Die Laternen beim Ein- und Ausgang brennen, von einem heftigen Wind bewegt, unruhig und düster. Ihr spärliches Licht fällt in kleinen glänzenden Tropfen auf das Wasser des Donaukanals, das sich grauschwarz und träge fortschiebt und die kleinen Lichttropfen mit dunklen Bewegungen einschluckt. . . .

Ringsum war niemand zu sehen. Erst als ich mich der Brücke näherte, erblickte ich einen Menschen. Er kam aus einer Nebengasse. Mit eingebogenen Knien stolperte er vorwärts. Der magere Körper, der schwankte wie ein Rohr, an dessen Ende ein schwerer Gegenstand befestigt ist, versank förmlich in den Beinen. Die Arme baumelten schwer hin und her und seine Blicke glitten den Boden entlang. Stoßweise taumelnd ging er. Nach ein paar Schritten blieb er immer stehen, wie wenn er sich im Gleichgewichte sammeln wollte. Dann sank sein Kopf für einige Sekunden herab, als suche er tiefe Ruhe. Der kalte Wind aber, der irgendwo aufsprang, fiel dem Menschen in den Rücken, und er setzte gleich darauf seinen Weg fort.

Jetzt näherte er sich dem Wachmann. In schnurgerader Richtung, mit gebeugtem Kopfe, torkelte er auf

10

ihn zu, als ob er ihm in die Arme eilen wollte. Der Polizist drehte sich langsam stampfend wie eine Wetterfahne auf den Ferfen herum. Ihn fror und er verband das Angenehme der Bewegung mit dem Nützlichen der Wachsamkeit.

Etwa drei Schritte vor ihm blieb der Mensch im Lichtbereiche der elektrischen Lampen stehen. Er bäumte sich nach rückwärts, hob den Kopf und sah den Polizisten vor sich stehen. Einen Augenblick noch pendelte er hin und her, als ob er sich an die überraschende Erscheinung erst gewöhnen müßte.

Dann schrie er plötzlich mit aller Kraft: „Ein Wachmann!... Ein Wachmann! Ich habe einen Fund gemacht... Ein Wachmann!" Es war ein greller, gewaltsamer Ton, in den sich ein übermütiger Jubel mischte. Der Wachmann zuckte zusammen und sah den Mann verdutzt an, der an ihn herantaumelte und ihn mit den Schultern stieß. Mit komischem Erstaunen sah er drein, während er instinktmäßig seinen Körper dienstlich straff hielt.

„Herr Wachmann," rief der andere und zitterte dabei vor Kälte, „ich habe nur eine Bitte... nur eine Bitte... was liegt Ihnen daran... verrichten Sie eine Heldentat. Lieber 321er, retten Sie ein Menschenleben!"

„Was wollen's denn?" fragte der Wachmann, der nicht verstand, unsicher.

„Ach," rief der Mann und preßte die Arme vor die Brust, wie wenn er einen inneren Schmerz zu erdrücken wünschte. „Herr Wachmann... im Namen des Staates... im Namen der Gesellschaft... retten Sie mich. Ich gehe zugrunde."

11

Er schloß mit einem wilden, höhnischen Schrei, der wie ein tolles Gelächter klang.

„Gehn's Ihren Weg fort," sagte der Wachmann ruhig und amtlich.

„Nein.. nein," fuhr der andere, den Kopf schüttelnd und unbeirrt deklamierend, fort, „die Gerechtigkeit, die Humanität ist nicht tot… haha sie schläft nicht einmal… Sie vertreten sie ja auch noch nach Mitternacht. Herr Wachmann, soll ich mich in die Donau stürzen, damit Sie mich retten? Soll ich es tun? Nein. O nein, ich werde Sie nicht inkommodieren! Ich weiß zwar aus den illustrierten Blättern, daß sie ein mutiges Herz haben und gut schwimmen können… Schau'n Sie… ich schone Sie. Bleiben Sie trocken und retten Sie mich!" Und schmeichelnd nahm er den verblüfften Schutzmann um die Mitte und sprach in unnatürlichem, komisch wirkendem Baß weiter: „Es ist doch so leicht. Herr Wachmann… so leicht… eine Kleinigkeit! Sie brauchen mir nur, ja sie brauchen mir nur meinen verlorenen Halt wiederzugeben. Ich habe ihn in diesem Bezirk verloren!" schrie er wieder. „Sie sind zuständig, Herr Wachmann."

„Gehn's Ihren Weg fort," wiederholte der Wachmann zornig und da er mich in einiger Entfernung stehen sah, fügte er hinzu: „Machen's kein Aufsehen."

„Gut, ich gehe meinen Weg fort. Aber wissen Sie, das geht Sie gar nichts an… Sie sagen doch selbst, daß das mein Weg ist, mein eigener Weg. Aber schrecklich, schrecklich! Sie sind, ich gestehe es Ihnen offen, der letzte Strohhalm, an den ich mich geklammert habe… aber macht nichts… leben Sie wohl! auf Wiedersehen … Gott erleuchte Sie

12

und es wird mich freuen zu hören, daß Sie Inspektor geworden sind."

Bei den letzten Worten machte er eine majestätische Handbewegung und entfernte sich dann mit schweren, tappenden Schritten zu mir herüber. Ich ließ ihn an mich herankommen.

„Pardon, würden Sie mir nicht sagen, wo ich da am besten nach Hause gehe?" Er sprach jetzt in ruhigem Ton mit der dunklen, dicken Unterstimme, die von vielem Alkoholgenusse zeugte. Sein Gesicht konnte ich nicht sehen, aber an seinen unsicheren, tastenden Wendungen sah ich, daß er betrunken war.

„Ja, wo wohnen Sie denn?" gab ich zurück.

Er lachte auf, schrill und unangenehm und fuhr mit den Händen in die Luft. „Ja, wenn ich eine Wohnung hätte . . ." Die Art dieses Lachens, so verdorben der Ton auch klang, kam mir mit einemmale bekannt vor. Ich neigte mich vor und sah dem Menschen ins Gesicht.

„Um Gottes willen, Franz!" entfuhr es mir.

„Wer . . . Wer ist das?" kam es weinerlich zurück. Seine Blicke umfaßten mich rasch und saugten sich förmlich an mir fest. — —

Der Mann war Franz Licht. Dieses einzigartige hämische Lachen rief ihn sofort in meine Erinnerung. Dieses Lachen, das mit Gift durchtränkt und doch voll unterdrückter Trauer war.

„Franz . . . Franz . . .," stammelte ich fassungslos. Ich hatte seine Hände gefaßt, die er mir scheu entgegenstreckte. Kalte, feuchte Hände, hart und furchig. Auch er hatte mich erkannt und war tief ergriffen. Wortlos gingen wir,

13

einander im Arme hängend, eine Seitengasse hinab und blieben vor einem kleinen Wirtshause stehen. Dort zog ich Franz hinein.

Wir treten ein. Durch das weindunstige Schanklokal, wo rohgezimmerte Tische und Bänke stehen und als einzige Gäste drei halbbetrunkene Männer sitzen, die mit dem Kellner, einem verwahrlost aussehenden Burschen, Karten spielen. Jeden Moment klatscht eine Karte mit einer Art feindseliger Wucht auf den Tisch, begleitet von gurgelnden, kreischenden Lauten. Die Köpfe senken sich tiefer, und gleich darauf dröhnt ein neuer Schlag. Die Leute spielten, als ob sie mit Messern nach einander stechen würden . . .

Ich ging voraus in das dunkle Extrazimmer, das durch einen Holzverschlag vom Schanklokale abgeteilt war. Franz folgte mir unsichern Schrittes. Der Kellner sprang uns nach, als ob er uns in flagranti ertappen wollte. Er machte Licht und musterte uns mit mißtrauischen Blicken. Ich bestellte Glühwein und bezahlte sofort, um seine aufgeregte Phantasie zu beruhigen.

Franz legte sich in die Bank zurück, ließ den Kopf nach rückwärts hängen und schloß die Augen. Er sprach kein Wort. Ich sah nun genau seinen elenden Anzug, seine vor Schmutz graue Wäsche, und ich suchte in den schlaffen, verschrumpften Zügen lange vergeblich meinen ehemaligen Jugendgespielen . . .

Ich rechnete nach. Es waren fünf Jahre her, als ich ihn zum letztenmale sah. Er hatte gerade maturiert und war damals eben achtzehn. Ein vollblütiger, kraftstrotzender Bursch. Er hatte einen schönen, stolzen Kopf, eine granitene starke Stirne und vor allem Augen, in denen Kapital lag.

14

Das ganze Antlitz war wie illuminiert durch ihre ernste, tiefe Schönheit.

Er war nicht sehr beliebt. Seine Begabung stellte die Kollegen stark in den Schatten und fast alle fühlten sich in seiner Gesellschaft unterdrückt. Dazu war ihm eine etwas gewalttätige Art eigen. Ich hatte ihn sehr lieb, ohne mit ihm eigentlich befreundet zu sein. Er atmete Frische und eine unbändige Gesundheit und betrachtete die Dinge so originell und scharf, daß er oft verblüffte. Sein Vater, ein Kanzleidirektor in einem großen Kreditinstitut, lebte in glänzenden Verhältnissen und hielt ihn keineswegs knapp. Mir war an ihm oft eine Neigung zur Frivolität aufgefallen, die eine hämische Linie durch sein offenes Gesicht zog und mir mißfiel. Alles was Autorität hieß, flegelte er mit Vorliebe an und freute sich dann mit übermütigen Augen an den erschrockenen Gesichtern seiner Zuhörer.

Er hatte einmal einen alten Violinlehrer, ein kleines zappeliges Männchen, dessen dünne Beinchen nie stillstanden und der mit stets ängstlichen Blicken alles, was sich ihm näherte, mit komisch kreisenden Augen betrachtete. Der sagte mir einmal ganz erhitzt: „Wissen Sie, Herr Franz ist außerordentlich begabt. Aber geben Sie acht, es gefällt mir etwas nicht an ihm. Er kommt entweder sehr hoch hinauf oder sehr tief herunter. Sie werden sehen". Er begleitete diese von prophetischen Mitmenschen sehr häufig gebrauchte Phrase mit einem nachdenklichen Kopfschütteln.

Ich erzählte später Franz von dieser Aeußerung und wir lachten gemeinsam darüber. — —

Der Kellner kam und unterbrach mich im Nachsinnen.

Minutenlang schon saßen wir einander gegenüber. Franz rührte sich nicht. Ich faßte leicht seinen Arm.

„Nicht wahr . . . Sie werden mich nicht quälen?" sagte er matt, ohne die Augen zu heben.

„Aber, Franz, was fällt dir ein. Ueberhaupt wir sind doch auf du und du. Alte Kameraden," erwiderte ich mit überlauter Lebhaftigkeit.

„Wenn du willst . . aber nicht wahr . . du wirst keine große Rechtfertigung von mir verlangen . . so eine Bilanz. Ich könnte es auch gar nicht . . Alles ist so wirr in meinem Schädel aufgehäuft diese letzten paar Jahre . . Ich habe ja auch mit mir nie gerechnet."

Und wieder verstrichen Minuten, die sich langsam und unendlich dehnten durch das peinigende Schweigen. Wir beide suchten insgeheim nach einem gleichgültigen Stoff und konnten keine Brücke finden. Und beide verbargen wir unsere Erschütterung, suchten uns zu verstecken vor dem Anschauen des blanken Unglücks, das Franz wohl vor mir ausbreiten mußte. Aber je länger dieses Warten und Zagen währte, desto erregter wurde er.

Und ganz unvermittelt begann er plötzlich zu sprechen. Zuerst ganz still. Er raisonnierte mit sich selbst, während er mit pedantischer Genauigkeit von seinen letzten Jahren erzählte. Im Anfange war da nichts Merkwürdiges. Die Geschichte des verlumpten Studenten: ein paar Jahre Bummeln, Schulden, Exzesse und schließlich der Bruch mit der Familie, und damit der Sturz ins Bodenlose . . . Hier wurde er lebhaft. Ganz durchglüht war seine Rede, wie von innerem Fieber. Selbstironie, Zorn und Resignation wechselten darin in einem fort.

16

„Und kaum hatte ich mich losgelöst, da fühlte ich
mich stark und frei. Der ganze Rummel vorher versank
vor mir, während ich lächelte. Nun war ich ganz selbst
der Herr meines Lebens, das ich mir auferbauen wollte
nach meinem Willen und Geschmack. Und aus dem Nichts..
Ach, wie viel kalte Sicherheit man da übrig hat. Wie du
da willst, daß der Sturm nur zum Orkan anwachse. Hei!
Und du stehst dann, deine junge Brust gegen ihn gestemmt,
daß er aufheulend an ihr zerbricht. Dein bester Traum sind
die wachsenden Hindernisse, deine Sehnsucht die hemmenden
Bleigewichte, die sich als schlimme Zufälle an dich hängen
und die du triumphierend zu zertreten wünschest.“

„Zum Studium bin ich natürlich nicht zurückgekehrt.
Daran waren meine Kollegen schuld. Wie ich sie sah, waren
sie meist nichts anderes als verdorbene Kinder. Verdorben durch
ein bißchen skeptische Wissenschaft. Sie haben nichts gemein
mit den reifen Sachen, mit denen sie sich die Taschen voll=
stopfen und mit denen sie protzig klimpern. Siehst du sie
am Kaffeehaustische sitzen, dann sprechen sie mit der Würde
und dem Temperamente von Menschen, die den Staat,
die Kunst oder sonst etwas Wichtiges zu retten beab=
sichtigen ... Ich mußte dann immer daran denken, wohin
denn der Strom erlösender Entschließungen wohl mündet,
der alltäglich hier entspringt ... Mir graute vor der
Mittelmäßigkeit, die die Wege zur Forschung besetzt hielt
und mit der skrupellosen Geschäftlichkeit von Handlungs=
kommis vorwärts drängte. Die Wissenschaft erschien mir
entehrt durch die illusionslose, stellenhungrige Meute.“

„Nach der Entzweiung mit meinen Eltern sperrte
ich mich tagelang in die kleine Stube ein, die ich mir

17

gemietet hatte. Bei herabgelassenen Jalousien lag ich auf dem Divan und entwarf mir einen Lebensplan. Wenn ich ausging, war ich fast hochmütig. Ich wollte, daß man mir ansehe, daß ich den Mut hatte, mein Schicksal herauszufordern. Ich fing an, mich gegen Dienstpersonen in kollegialer Freundlichkeit zu betragen, denn ich sah in ihnen lauter Selfmademen . . . Meine geringen Mittel nahmen natürlich rasch ab, obwohl ich stolz wie ein König in der Volksküche aß. Meine Tage verflossen ganz und gar in Betrachtungen. Ich tat nichts, sondern verbrachte meine Zeit auf der Straße, in öffentlichen Gärten oder überall dort, wo sich etwas ereignete. Obwohl ich meine Bedürfnisse auf das Minimum reduzieren mußte, fühlte ich mich unendlich glücklich. Ich genoß meine Faulenzerei, kostete sie aus wie ein Geizhals, der darauf sieht, daß jeder Heller nützlich angelegt ist. Die ganze Welt war für mich voll von Wundern. Ich vermeinte, die selbstverständlichsten Dinge zum erstenmal zu sehen."

„Daß ich niemandem Rede zu stehen brauchte, entzückte mich und ich sah sie mit den Augen des künftigen Besitzers und Siegers . . . Ich zog absichtlich meine schlechtesten Kleider an und trug die Armut wie ein Theaterkleid. Und als ich die letzte Banknote wechselte, da deklamierte ich mir vor: An deinem Himmel hängt noch eine Geige, herunter mit ihr! Ich meinte damit meine Violine und kam mir wie ein Held vor, da ich den Entschluß faßte, mir gemeinsam mit einem musizierenden Bettler in den Höfen meinen Unterhalt zu erspielen . . . Ach, ich war so köstlich albern, wollte mich nur recht verkleinern, um dann empor zu steigen vor dem verblüfften Publikum, vor den giftigen

Nachbarn, vor den Freunden, die mich freudig verloren gegeben hatten . . ."

„Es wurde nichts. Ganz eingesponnen von fantastischen Plänen lebte ich in meinen wirren Träumen. Und als ich sie durchgenossen hatte bis in das geringste Detail, da hatte ich sie satt und war müde. Und ich fand mit einemmale meine kleine nackte Stube unerträglich. Ich sehnte mich hinaus . . . hinaus, fürchtete das Alleinsein und blieb jetzt ganze Tage vom Hause fort. In einem der dunkelsten Vororte trieb ich mich herum und verlor den Boden unter mir . . ."

„Es ist eigentlich komisch, wie das anfängt. Der Wechsel deines Stammcafés ist in Wirklichkeit schuld daran. Du mußt jetzt deinen Kaffee billiger trinken, gehst in ein Beisel. Dort siehst du den Leuten, einer sehr gemischten Gesellschaft, die viel Zeit hat, zu. Sie sind den ganzen Tag da, spielen oder sprechen von ihren eigenartigen Geschäften. Anfangs bist du stolz. Geschmack und Bildungshochmut halten dich auf deinem einsamen Platze fest, wo du über eine Zeitung hinweg diesen fremden Existenzen lauschst. Insbesondere die Gesichter dieser meist jungen Burschen stoßen dich ab."

„Aber eines Tages bist du mitten unter ihnen. Es schmeichelt dir, wie sie auf dich hören. Dein Wissen, das du ein bißchen zeremoniell zum besten gibst, imponiert ihnen. Und dieser Stammcaféwechsel wird dein Schicksal. Je magerer dein Sack wird, desto länger dauern deine Besuche. Du dozierst schließlich Tag und Nacht im dunstigen Halbdunkel dieses Lokals. Und dann . . dann fängst du an, die Geschäfte kennen zu lernen."

„Es ist unglaublich, wie rasch dein verlorener Halt dich dem Thema nahe bringt. Zuerst fällst du nur Entscheidungen, gibst überlegene Ratschläge. Aber dann . .

Dann kommst du eben ins Rutschen. Ganz unmerklich geht's. Und nur wenn du zurückschaust, siehst du mit klopfendem Herzen den Weg, den du 'runterkommst. Du hältst an kleinen Reuestationen, wo du dich festklammerst und Heimweh kriegst, nicht gerade nach der Moral, aber nach den Sentiments eines Nachtmahls am Familientisch mit der braven, großen Stehlampe und ihrem wunderbaren gütigen Licht und nach der bequemen Ordnung oben — aber die Rückkehr ist steil, mein Lieber. Und — weiß man, welche Teufeln an deinen Beinen ziehn — dann überschlägst du dich rasch und immer rascher und mit einemmale bist du unten, tief unten . . ."

Franz brach ab und blickte einige Augenblicke verlegen vor sich hin. Als er sah, daß ich schwieg, fuhr er mit einem scheuen Blick auf mich fort: „Nun bist du unten. Ueberrascht, doch ohne Abscheu, gehst du mit den sogenannten ,Verlorenen'. Und während du auf deinem bisherigen Abwärtswege von den Gespenstern geplagt wurdest, die dir dein sogenanntes Gewissen sandte, ein Vermächtnis deiner guten Erziehung, die sich zum großen Teile bereits empfohlen hat, atmest du jetzt befreit auf. Ja, sieh mich nicht so betroffen an. Du atmest wirklich auf . . ."

Mit häßlich verzerrtem Munde redete Franz weiter. Er wurde lebhaft. Und seine Stimme bekam einen dünnen, schmerzenden Klang. „Hier, mein Lieber, findest du Verstehen und liebevolle Rücksicht. Sie alle sind tief gefallen und kennen deine Schmerzen mehr oder weniger. Und wenn sie sie nicht begreifen, dann verhalten sie sich achtungsvoll. Keine Kritik bohrt in deinen schweigenden Wunden. Und du fühlst, dir ist man gleich, uniform. Wie nirgends in der Welt. Hier ist kein Neid, kein Haß. Und du ruhst selig aus für kurze Zeit in dem Allerbarmen der Verworfenheit. — —

Aber dann . . . du bist so lebensfremd . . . deine einzige Erfahrung ist die romantisch-ideale Gymnasiastenzeit . . so ganz unwirklich denkst du, und von dem fürchterlichen Leben hast du noch immer keine Ahnung. Nur in algebraischen Formeln hast du davon in der Schule und zu Hause gehört. Jetzt fühlst du dich so ein Stückchen ,Räuber' . . . Und du kostümierst die Elendsmenschen um dich her und verkleidest die Wände des Jammerwinkels, in dem du haust, mit den abenteuerlichen Tapeten, die deine Phantasie dir liefert. Und der kleine dumme Schmerz, der tief unten in der Seele sitzt, wird hell und lärmend. Er wächst und bläht sich auf. Jetzt erst kommt es wie Klarheit über dich. Man hat dein Leben frech verdorben. In allen Leuten um dich siehst du Revolutionäre, Benachteiligte, Gekränkte, Unterdrückte. Die Heldengestalten, die deine Knabenträume bevölkert haben, vermeinst du hier zu finden, indes sie nichts anderes sind als ein Kehricht von Menschen."

„Aber auf einmal kommt es dann über dich. Ein Sonnblick deiner alten, gesunden Kraft erhellt dir dein Debacle. Nun siehst du zum erstenmale mit nüchterner Erbarmungslosigkeit dein wahres Gesicht."

„Die Romantik ist beim Teufel. Wenn du abends entkräftet hinunterkriechst in deinen Schlupfwinkel, dann suchst du die Augen der Burschen, die um dich herum sind, und mit einemmale kannst du es nicht fassen, daß sie ruhig schlafen können, dort oben."

„Ja, franz, wo hältst du dich denn auf," unter= brach ich ihn angstvoll.

„Ah so .. das weißt du nicht .." sagte er, den Ton wechselnd mit verbissener Ruhe. „Seit vier Wochen schlafe ich im Wienkanal. Es ist herrlich .. herrlich! ha ha, ich schlafe in dem Miste, den uns die Großstadt freundlich zur Verfügung stellt. Und ich schlafe weich, denn sie tut in dieser Beziehung wirklich viel für uns."

„Aber ist denn das möglich?"

„Möglich? hunderte Menschen schlafen in den Schächten der Sammelkanäle und im Wienkanal. Sieh sie dir doch an, wie sie dort unter dem Abfall liegen, wie in Käfigen gehalten, und du wirst begreifen, daß unser Strafgesetz gerade alt genug ist, um die so Mißhandelten und Entrechteten im Zaum zu halten .. Sieh sie dir an und du wirst erkennen, daß keine Schuld so große Strafe verdienen kann. Ja, auch ich, wenn ich abends, bevor ich in die Röhre schlüpfe, über die lichtbeglänzten Straßen gehe und den Bäuchen der satten Spießer begegne, die mir im Bogen ausweichen, dann empfinde ich, wie sich haß gegen mich entzündet und ich fühle, daß mich von den Leuten dort unten nur die vollbrachte Tat trennt."

„Ja, um himmels willen, franz, hast du nicht die paar Kreuzer, um eine andere Schlafstelle aufzusuchen?"

„O ja, hie und da gastiere ich in einem Massen= quartier. In der letzten Zeit hatte ich aber wirklich nicht so viel."

„Ich bitte dich, franz . . ." Instinktiv griff ich in die Tasche und schob ihm meine Börse ihn.

22

„Du gibst mir Geld!" fuhr er in brüskem Tone auf und in seinen blassen Augen entstand ein seltsames Licht. „Ja, ja . . gib mir Geld . . . Geld . . Errette mich . . rette mich!"

Wie ein Schlafwandler hielt er sein bleiches Gesicht empor, das bewegungslos und tot schien, während seine Blicke an mir vorübersahen, als ob sie weit, weit, etwas Unerhörtes schauten.

„Aber franz . . franz," sagte ich ratlos. „Komm, geh' jetzt schlafen, ich will ja alles für dich tun; morgen wollen wir beraten."

Ich sprach in herzlichem, weichem Ton zu ihm und schämte mich, daß ich eigentlich nur banale Trostworte sagte.

Plötzlich sah er mich an, es war mir, als ob er erwachte. In seinem Gesichte erschien ein unbeschreiblicher, starrer Ausdruck. Er sagte kurz und abgerissen. „Nein, ich will kein Geld . . . weißt du, es ist nämlich so weit mit mir, ich will nicht mehr . . . Zieh' mich nicht zurück, ich fürchte mich ja so, daß ich wankend werden könnte. Selbst jetzt, während ich neben dir sitze und das freundlich-beruhigende Licht der Auerlampe auf mich niederfließt, wird es hell in mir und milde und ich fühle, daß sich das Harte in mir löst. Und stelle mich eine zeitlang wieder ins Licht, mich, der schon durch allen Ekel und Jammer des Lebens gekrochen ist. Gib' acht, es beginnt in mir wieder zu tauen und zu grünen".

Er lachte, wieder sein böses Lachen.

„Ja und dann melden sich wieder schüchterne Wünsche, und schamhaft regt sich ein dummes Sehnen. Aber ich will nicht . . . ich will nicht! . . ."

23

Und während seine zitternden Hände sich über dem Gelde schlossen, das ich ihm hingeschoben hatte, stieß er unter krampfhaftem Schluchzen hervor: „Ach, ich kann nicht . . ich will nicht. . . ."

_____ __ _ _ _ _ _ _ _ _ _

_____ __ _ _ _ _ _ _ _ _ _

Eine Weile später verließ ich Franz. Er versprach mir, in ein kleines Hotel schlafen zu gehen und wollte mich am nächsten Tage treffen.

Ich war wie betäubt.

Mit meinen quälenden Gedanken lief ich die schmutzigen Gassen der Brigittenau ab, bis ein trübes Morgenlicht in den Fenstern aufblinkte und in die schlaferfüllten Stuben den Alarm zum Kampfe eines neuen Tages schrie.

*   *   *

Am nächsten Morgen erwartete ich Franz vergebens. Er sandte mir einen Brief, in dessem ersten Teile viel konfuses Zeug stand und der folgendermaßen schloß:

„Nun werde ich bald den Vorhang fallen lassen. Schon dehne ich den letzten Akt zu lange. Mein Leben fängt an undramatisch zu werden . . . der Höhepunkt ist längst überschritten und es würde sich nun schicken, daß es krachend zusammenbricht. Alles in mir schreit: Vorhang! . . . Vorhang! und schon höre ich ihn dunkel und erlösend über mir rauschen!

Wenn ich mir nur selbst entschlüpfen könnte, in einem gnadenreichen, von meinem bißchen Lebenswillen unbewachten Augenblicke. Oh, wie ich warte, Stunden und Tage lang. Wie ich bebe nach dem Momente, da ich werde fliehen können. Da die Verzweiflung mich ganz überwindet und ich nicht mehr aufschluchzend und zitternd mich festklammere im letzten Augenblicke. So warte ich .. warte."

— — — — — — — — — — — — — — — —

Ich habe Franz nicht mehr gesehen seit jener Nacht.

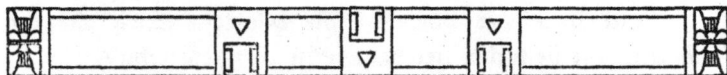

Im Sammelkanal.

Wie immer, wenn ein Mensch plötzlich von der Lebensbühne abtritt, so befiel den Kreis derer, die Franz kannten, ein kurzer Schreck. Es war mehr die Nähe des Schicksals, das just in so unmittelbarer Nachbarschaft eingeschlagen hatte, das die Leute erbeben machte und in ihre menschenfreundliche Erschütterung die heimliche Sorge mengte: „Hätte es nicht auch mich treffen können?" . . .

Und dann schallte ihm Lob nach. Mit vollen Händen wurde es ausgestreut, ungezählt und verschwenderisch. Man beeilte sich, dem Toten hinterdrein seine Reverenz zu machen, damit er ja nicht glaube, man habe ihm übelgewollt im Leben. Es waren weise und gütige Worte, in die sich der heimliche Trost mischte: Wie gesagt, dir kann dergleichen nicht passieren.

In mir aber hallte die Erschütterung nach. Sie hatte sich allmählich losgelöst von dem Einzelgeschick, das sich leibhaftig vor meinen Augen erfüllt hatte und verwandelte sich in ein fieberhaft erregtes Interesse, begleitet von Furcht und Mitleid für die Verstoßenen der Großstadt.

27

Immer wieder hörte ich die Worte: „Sieh' sie dir doch an, wie sie unten liegen, wie in Käfigen gehalten . . . Sieh' sie dir doch an!" . . .

Was mußte sich da sammeln an verdorbenem Menschen= materiale? Wie viele mochten hingesunken sein, wie der arme Franz, während der gärenden Jugendjahre?!

Es war damals gerade die Zeit, da ich oft in ein kleines Bezirksgericht kam. Und dort habe ich sie täglich kommen gesehen. Durch das große Tor, mit der etwas vorgeneigten Wölbung, das wie ein gieriger offener Rachen starrte. Täglich zogen sie über die schlechten vertretenen Stufen hinauf zu den kleinen engen Zimmern, wo Gerechtig= keit erfolgte.

Und täglich habe ich sie vor dem Richter stehen gesehen: Von Not erschöpfte Neulinge, die in ihrer Angst planlos lügen. Verbitterte Menschen, die das Gerichts= verfahren als bloße Förmlichkeit hassen und fest daran glauben, daß es nur d e n Sinn hat, der staatlichen Sorge Unbequeme in den Arrest zu liefern . . . Auch ergraute Arbeitsscheue, mit einem merkwürdigen künstlichen Zynis= mus, die ihre Faulheit philosophisch begründen und keck ihre Ueberzeugung vertreten, daß alle Arbeit eitel ist . . .

Ich hoffte damals in die Not dieser Menschen wichtige Einblicke zu tun. Vielleicht würde es mir gelingen, den Ur= sprung ihres Wesens zu erfahren und die Unglücklichen menschlich bewerten zu können. Aber ich erkannte bald: Die Wage hier arbeitet zu hastig, um Gründlichkeit zu ermöglichen. Abgehetzte Menschen, die oft andere Sorgen haben, fassen ihre Ueberzeugungen rasch, denn der Zulauf ist allzugroß.

Das Zünglein bewegt sich kaum, noch sind nicht alle seine Gewichte aufgelegt, der Bevollmächtigte der Frau Justicia aber muß das fertige Menschenschicksal ausrufen.

Eines Tages war mein Entschluß gefaßt. Ich wollte das Elend selbst in seinen Schlupfwinkeln aufsuchen. Wollte es sehen ohne Maske in seinem wahren Zustand.

Aus verschiedenen Verhandlungen hatte ich entnommen, daß insbesondere die Suppen= und Teeanstalt am Tiefen Graben ein Rendezvousort der Unterstandslosen sei und ich nahm mir vor, zunächst zu meiner Orientierung dort einen Abend zu verbringen. Um unerkannt zu bleiben, verschaffte ich mir grobe und defekte Kleider, die ich mir nach Art des Anzugs eines Wiener Pülchers[1]) zurecht machte.

Voll brennender Neugierde schlich ich mich dann an einem der nächsten Abende in meinem Elendskostüm aus dem Hause. Ich lief mehr als ich ging und suchte auf meinem Wege die dunkeln Gassen.

Es war für mich ein ganz merkwürdiges Gefühl. So oft ich eine erleuchtete Auslage passierte, oder der Schein einer Straßenlampe auf mich fiel, war es mir, als stünde ich inmitten einer blendenden Helle und als bohrten sich die Lichtstrahlen messerscharf durch alle Löcher und Flicken meines Anzuges. Und unwillkürlich schlug ich die Augen nieder, vor der gutgekleideten Masse, die um mich herum wogte, und drückte mich, den Wänden entlang, fort.

Am tiefen Graben ist es immer ruhig. Fast gar kein Wagenverkehr. Kleine alte Häuser, mit baufälligen Wendel-

---

[1]) Vagabund.

treppen, stehen hier neben modernen Bauten, die sich hoch hinaufstrecken, über das Niveau der Wipplingerstraße.

Besonders abends ist die Gasse ganz leer. Aus der dunkeln Oedigkeit unten, blinzeln kleine, versteckte Lichter hinauf zur Brücke, auf der es stets lebendig ist. Wenn man über die Stufen hinabkommt, ist es, als fiele man aus der lauten, strahlenden Großstadt plötzlich in einen entlegenen, verschlafenen Provinzort. Scharf hebt sich der Lärm oben, der rollt und poltert und summt, von dieser Stille ab.

Ganz still und vorsichtig ging auch ich meinem Ziele zu, und als ich in der Straße unten war, da sah ich einzeln und zu zweien Leute, die sich im Schatten der Häuser bargen, in der Richtung gegen die Suppen= und Teeanstalt gehen. Und merkwürdig, die meisten zeigten dieselbe äußere Haltung wie ich, der ich glaubte, daß mein erstes Vaga=bundendebut mir Lampenfieber verursache.

Scheu, fast geräuschlos glitten sie vorwärts. Den Kopf auf die Brust gesenkt, in sich zusammengesunken, wie wenn sie sich hinter ihrer mangelhaften Kleidung, vor der Kritik der Vorübergehenden verbergen wollten. Denn man kennt sie ja, die abschätzenden, zudringlichen Blicke auf der Straße, die einem vom Hute abwärts, bis zu den Schuhen mit eigenem Blitzen der Augen prüfen und mit Bedauern an unseren geschlossenen Taschen halt machen, um uns am Ende dieser hochnotpeinlichen Prüfung unver=hohlen ihre Meinung zu sagen.

Ueber dem kleinen Eingang zu dem Lokale, das man mir bezeichnet hatte, hängt eine gelbgestrichene Tafel: „Suppen= und Teeanstalt".

30

Durch die verhängte Glastüre trete ich ein und befinde mich in einem großen, mäßig erhellten Raum, der rückwärts durch ein langgestrecktes Pult abgeschlossen ist. Armselige, aber reinliche Holztische und primitive Sessel stehen herum, die von Gästen dicht besetzt sind.

Anfangs bin ich überrascht. Die Leute sind verhältnismäßig gut gekleidet. Ich sehe Geschäftsdiener mit den markierten Kappen, alte Leute in billigen Havelocks und noch andere, die gar nicht so bedürftig aussehen. Und während an dem Pulte die Töpfe klappern, tragen die Kostgänger ihre Portion, ängstlich wie ein Kleinod, zu einem unbesetzten Platz. Und dann setzen sie sich, langsam und schwerfällig, rücken sich bequem zurecht und umfassen die dampfende massive Schale auf dem Tische mit den Armen, wobei sie den Kopf herabsenken auf den warmen Dunst, der emporsteigt und den sie gierig einsaugen.

Ich setzte mich in die Nähe der Türe neben einen kleinen nervösen Menschen, der eine Schale Linsen vor sich stehen hatte. Er war nett gekleidet und hatte das eine Bein mit der sorgfältig aufgestreckten Hose auf das andere Knie gelegt. Sein Gesicht war vor Eifer gerötet, während er hastig aß, förmlich nach den Bissen schnappend. Als ich mich nahe an ihn heranrückte, bog er die eine Schulter zurück, wie wenn er mit mir nicht in Berührung kommen wollte und warf mir einen mißtrauischen Blick zu, der wohl meinen zerrissenen Kleidern galt.

„Könnt' a hintri' [1] geh'n. Ma muaß sie ja fürcht'n für sein anständig's G'wand," brummte er, während er

---

[1] Nach rückwärts.

zwischen den einzelnen Worten schmatzend weiteraß. „Eh's anzige, was d'r Mensch hat."

„Ich bitte, i bin da fremd," sagte ich sehr devot.

„Fremd . . . fremd," fuhr er in bissigem Tone zu sich selbst sprechend fort. „Soll daham bleib'n in Leitomischl. Kumm'n alle daher, fress'n auf Wean. Woher soll man's denn nehma. Schicken uns so ausg'franzte Pojaza.[1]) Die Böhm' und Krowot'n schmeissen's außa und denken eahna: Soll'n nur auf Wean. Die werd'n schon dort firti wer'n mit den Glumpert".[2])

„Was soll'n denn aber die armen Teufeln machen?" bemerkte ich mit einem fingierten Seufzer.

„A wos," fuhr er heftig auf und schlug mit der Schale auf den Tisch. „Armer Teufel . . . Is egal, wo ma krepiert."

Er sah mich mit seinen kugelrunden hervorquellenden Augen an, die ganz rot verschwollen waren.

„Mir san a arme Hund'. Seg'ns, junger Mensch," schrie er plötzlich in einem lang zurückgedrängten Groll hervorbrechend. „Dös is mei Vermögen, mei Existenz, mit der i wirtschaft'n tu'." Er zog die Schöße seines dunklen Rockes, der mit Metallknöpfen besetzt war, hoch. „Nehmen's m'rn weg und i g'hör zu enk, zu dö, was da hint' sitz'n. All's was i mir erschinden tu', dös brauch' i für den Rock, und mein Rock brauch' i, daß i m'rn erschinden derf."

Er wischte sich sorgfältig mit einem Taschentuche die Hände ab, besah dann seinen Anzug genau und glättete

---

[1]) Bajazzo.
[2]) Gesindel.

Unter der Stephaniebrücke.

Der Zugang zum Kanalschacht.

Ein Nachtlager im Sammelkanal.

Ein Schlafender im Schacht.

ihn, wobei er unverständliche Worte vor sich hinmurmelte und dazu mit dem Kopf nickte.

Indessen kamen immer neue Gäste und umstanden das Verkaufspult in doppelten Reihen.

Fast jeder, der eintrat, blieb bei der Türe stehen, legte den aufgestellten Kragen um und suchte erst in den Taschen nach Kreuzern, die er schwerfällig auf die Handfläche legte und zusammenzählte.

Der Mann neben mir stand auf und trat hinter mich hin.

„Da . . . kauf'n f' Jhna a Suppen." Er legte mir drei Kreuzer auf den Tisch.

Ich wendete mich um. Schamröte war mir ins Gesicht gestiegen. Selbst auf die Gefahr hin, aus meiner Rolle zu fallen, vermochte ich nicht, die Hand nach den Kreuzern auszustrecken.

„Ich danke, ich hab' schon so viel," sagte ich in meiner Aufregung im schönsten Hochdeutsch.

Der Mann sah mich mit erstaunten Augen an, strich aber gleich das Geld mit der Hand vom Tisch.

„Ah, do schau' her. A G'schamiger."[1]

Er drehte sich gekränkt um und entfernte sich in der Richtung zur Türe, indem er mehrmals stehen blieb und unschlüssig nach mir hinsah.

Nun trat auch ich an das Verkaufspult, besorgte mir eine Suppe und ein Brot und ging tiefer in das Lokal hinein.

Am Ende der Breitseite des Raumes bog ein dunkler Gang ab und führte in ein kleineres Zimmer,

---

[1] Verschämter.

33

aus dem dumpfer Lärm herausdrang, der von dem Teller=
klirren und dem saufenden Geräufch, zu dem fich die halb=
laute Unterhaltung der Menfchen draußen verdichtete,
übertönt wurde.

In dem Gange ftanden an den Wänden junge
Burfchen, die, Zigaretten rauchend, leife miteinander fprachen.
Ich drängte mich vorfichtig durch und betrat das Hinter=
zimmer, wo gleichfalls in Reihen Holztifche und Bänke
ftanden, die von verdächtig ausfehenden Geftalten befetzt
waren.

Das ganze Zimmer war mit Rauch erfüllt, der fich
mit dem auffteigenden Suppendunft verband. Die Leute
trugen zumeift abgeriffene Kleider. Den Hut hatten fie in
den Nacken gefchoben, die Ellbogen waren auf den Tifch
geftemmt und die Gefichter zeigten einen Ausdruck, als
hegten fie alle ungeduldig eine Erwartung.

Diefer Zug gab ihnen etwas Gefpanntes, Unruhiges.

Sie fprachen fehr laut, fchrien aufeinander ein,
obwohl fie dicht beifammen faßen.

Ich fetzte mich zu einem etwa neunzehnjährigen
Burfchen, der mich mit feinen wäfferigen Augen maß und
dann bereitwillig rückte, um mir Platz zu machen.

„Hoft d' fcho g'hört," wendete er fich gleich darauf wie
zu einem alten Bekannten an mich: „s' Rauchen foll
verbot'n wer'n. Der Verwalter hat's g'fchafft. Gemeinheit
niederträchtige!"

Jemand mir gegenüber fing das Wort auf und fchrie:
„Der alte Falott, der fchuftige! Hamfchicken¹) den Kerl!"

_____

¹) Umbringen.

34

Von allen Seiten wurden jetzt Flüche ausgestoßen, Fäuste dröhnten auf den Tischen und gemeine Schimpfreden flogen hin und her.

Mein Nachbar aber neigte sich zu mir herüber.

„Bist a Zug'raster?"

„Ja, aus Olmütz."

„Was denn für a G'schäft?"

„Bauzeichner," erwiderte ich. Ich hatte für alle Fälle einen kleinen Roman in Bereitschaft und nannte absichtlich einen Beruf, der hier kaum gekannt werden würde.

„Bist schön im Bruch,"[1]) sagte er weiter und ließ seine Blicke langsam an mir herabgleiten, indem er jedes Kleidungsstück genau in Augenschein nahm.

„Ich versteh' Eure Wiener Ausdrücke nicht."

„Wirst schon lerna den Spruch. Hast schon an 'preßten Pfiff?"[2])

Bevor ich noch antworten konnte, wurde meine Aufmerksamkeit durch das Eintreten eines auffallenden Menschen in Anspruch genommen, der mit lebhaften Zurufen empfangen wurde.

„Ah d'r Kiebitz! Serwas Kiebitz!" rief man von allen Seiten.

Es war ein starker Mensch, von untersetzter stämmiger Figur, mit einem feisten, ganz mit Bartstoppeln bedeckten Gesicht. Er war mit einem vielfach geflickten Gehrock bekleidet, unter dessen Schößen er die Hände in die Säcke

---

[1]) Herabgekommen.
[2]) Schlafstätte.

gesteckt hatte. Eine fettige schwarze Krawatte war um einen kaum zwei Finger hohen Kragen gewunden. Braune, große Augen, mit einem vollen tiefen Blick, der von einem leichten Schleier verhüllt war, paßten schlecht zu dem breiten Mund mit den aufgeworfenen häßlichen Lippen. Von den Mundwinkeln zu dem vorspringenden kurzen Kinn liefen zwei tiefe Linien herab, die dem Gesicht einen gemeinen Zug gaben. Mit dem vorstehenden Unterkiefer sah diese untere Hälfte des Gesichtes wie eine verkniffene Hundeschnauze aus.

Er blieb mitten im Zimmer stehen, sah die Leute mit einem überlegenen Rundblick an, schob dann parodierend eine Hand zwischen zwei Knöpfe des Gehrockes und sagte:

„Guten Abend, meine Herren! Bitte . . . bitte, keine Ovationen. Das wahre Verdienst findet seinen Lohn in dem eigenen Brustkorb. Freuen wir uns lieber des freien Fußes, auf dem wir stehen."

Während der Mann sprach, war alles ruhig geworden. Unter allgemeinem Gelächter rief nun eine Stimme:

„Hörst, Kiebitz, red' mit dein Werktagsschnab'l."

„Du, schwarzer Tonl!?" wandte sich der Kiebitz an ihn. „Geliebter Kassen= und Herzenbrecher! . . . Ich hab' geglaubt, daß du auf den Aufruf der Polizei, die so furchtbar neugierig ist, wer den letzten Eintiebler[1]) beim Goldschmied — du weißt schon — verübt hat, dem Stuckart,[2]) deine Aufwartung machen wirst. Der Anstand hätt's ent-

---

[1]) Einbruch.
[2]) Chef des Wiener Sicherheitsbureaus.

36

schieden verlangt. Mit Schmerz seh' ich: Du haft ihn wirklich nie geliebt."

Es war eine komische Mischung von pathetischem Hochdeutsch und urwüchsigem Gaunerdialekt, in dem er sprach.

„Aber die anderen haft verzünden[1]) laff'n," fuhr er mit verhaltener Erbitterung fort. „Und du natürlich bift frank. . . . Ja, der brave Mann denkt an sich selbft zuletzt".

„Tepperl," antwortete der schwarze Tonl, verlegen auflachend. „I waß von kan Eintiebler. I bin ja a' Leimsieder[2]) wur'n. 's wird schon a drei Monat, daß ich nix orbat. Du waßt ja, mei Lintschi, die was ich jetzt heirat'n will, is a Tochter von an Amtsdiener. I muaß eh schaun, daß ich mein Weifel[3]) wegfrieg'."

„Ja, schau nur, daß Wean' di' wieder kriagt. Aber mirk' dirs, 's kummt jetzt bald a Wald= und Wiesengürtel, da wird's grean[4]) bei uns," sagt der Kiebitz und schob sich an mehreren Burschen vorüber zur Mitte eines Tisches, wo er Platz nahm.

„Und heirat'n willst d' a. Mein Satz kennft d' ja: Wann zwei sich heirat'n, freut sich der Dritte. Und die Lintschi? Hat sie sich so jung schon vom öffentlichen Leben z'ruckzog'n".

„Du waßt, i bin net eifersüchti," lachte der schwarze Tonl gezwungen.

„Recht haft . . . Und sie wird dein' Nächsten so

---

[1]) anzeigen.
[2]) Einer, der zu Kreuz kriecht.
[3]) Ausweifung.
[4]) Gefährlich.

wenig lieben wie dich selbst. Aber ich hab' 'glaubt, sie is a g'haut's Ban',[1] die Lintschi . . Daß die di heirat', wundert mi. Du bist ja schon lang valat.[2] . . Aber so san die Weiber: Wann s' den Besten net kriag'n können, nehmen s' den Nächstbesten."

Der Kiebitz sprach ruhig und langsam in freundlichem Tone, der eine innere Bösartigkeit verhüllte.

Der schwarze Tonl antwortete nicht mehr. Mit gespielter Geschäftigkeit verließ er, von höhnischen Zurufen begleitet, das Zimmer.

Gleichzeitig hatte sich wieder allgemeiner Lärm erhoben. Man stritt oder erzählte laut mit heftigen Gesten und der Rauch wurde immer dichter und erfüllte das Zimmer mit Nebel.

Der Kiebitz sprach angelegentlich mit seinem Tischnachbar.

Er hatte sich bequem nach rückwärts gelehnt und die Arme vor sich auf den Tisch gelegt. Man sah, wie aufmerksam die Burschen um ihn herum auf seine Rede horchten, die er sehr gelassen und mit geringschätzigen Mienen vorbrachte.

Lange konnte ich seine Worte nicht verstehen, bis er sich plötzlich von der Gesellschaft abwendete und mit seinem den Lärm übertönenden Baß laut rief:

„Lichten-Schanl . . . Du bist a da? Hab' g'laubt, du bist in der Krim!"[3]

---

[1] Ein gerissenes Mädchen.
[2] fertig.
[3] Landesgericht.

„Vorgestern bin i los'gangen," sagte der Angerufene, ein hagerer, blasser Mensch, mit einem eigentümlichen, schmalen Kopf.

Er sah den Kiebitz mit seinen furchtsamen Augen an.

„Ja, mein lieber Z'ruckschiaber[1]) . . ., mei lieb's Kretinl,"[2]) sagte der Kiebitz, „möchst gern zu dö Frankfurter[3]) . . . Geh, gibs auf! . . . Ueber den Grab'n kummst nimmer, Freund . . . War ja ka Schad' um di gwest, wannst a Ehrenmann mit Strupf'n wur'n warst und anstatt im Polizeianzeiger im Lehmann g'standen hätt'st."

Der Kiebitz sah wieder mit einem Rundblick um sich.

„So Leut' glaub'n, weil s' für an Kommis z' schlecht san können s' Diab' wer'n. Bei dem G'schäft, mei Liaber, braucht ma Kreuzköpfeln . . . Leut', die a Talent ham . . . mit dem Spatzenkopf hätt'st können höchstens a Staatsbeamter wer'n . . ."

Lautes Gelächter unterbrach den Sprecher.

Der Lichten-Schanl aber sagt demütig:

„Geh, Kiebitz, was bist denn a so zu mir . . . Schau, mei Muatter is vor drei Monat g'sturb'n, und i hab' ihr versprechen müaßen, daß i dös Leb'n aufgib' und wieder 's arbeiten anfang'. Und i hab a guat tan. Jetzt hab'n s' mi ausg'hob'n mit'n Schuster-Karl und seiner Platt'n, die auf'm Karmeliter g'setzt[4]) ham, und jetzt hab'n s' mir zwei Monat auffig'haut für nix und wieder nix. Grad nur,

---

[1]) Traumichnicht.
[2]) Dummkopf.
[3]) Unbescholtenen.
[4]) stehlen.

39

weil ich mit eana beifamm war ... I waß mir gar
nimmer z'helfen ... Is denn dös a Gerechtigkeit?"

Eine Pause trat ein.

Die refignierte Traurigkeit des Sprechers machte auf
alle fichtbaren Eindruck.

„No ja," fagte der Kiebitz endlich in weichem Tone.
„Wo follst d' denn hin, als zu deine Leut'? Gehst halt näch=
stens in Jockeiklub."

„Aber Gerechtigkeit! Gerechtigkeit?" fuhr der Kiebitz
plötzlich ernst werdend fort. „Sei net dumm, Burfcherl.
Von wem willst denn Gerechtigkeit verlangen? Von
Menfchen?! Zwingen mußt 's Leben ... Zwingen wie
an wild's Roß ... Trensen[1]) ins Maul und oben
festsitzen ... fo kommst am besten vorwärts. Aber fchreien
hilft nix, Kinderl, oder foll ma dir helf'n im Namen des
Gefetzes? ... Sixst, dös is g'rad fo, wie mit'm Geld.
Ma gibt d'r an Guld'n und fagt: ‚So, Bauer, dös fan
hundert Kreuzer, und du gibst's an andern und der nimmt's
wieder für hundert Kreuzer, und alle glaub'n ihr ganzes
Leb'n lang, fie hab'n mit d'n Gulden hundert Kreuzer ...'
So steht 's drauf ... Aber hamli is' was abzwackt von de
hundert Kreuzer, und du merkst 's net und kaner kennt's,
fo rund is 's und glanzt's und dann die fchöne stolze Schrift
drauf ... So is 's a mit der Gerechtigkeit. Ma fagt d'r,
da hast Gerechtigkeit und gibt dir was Großartig's, Stolzes,
was d'r imponiert. Aber hamli is was abzwackt davon ...
Es is ja gar kan Gerechtigkeit. Es is ja nur's G'fetz.
Und du nimmst's und glaubst, du hast an Guld'n ...

---

¹) Zaun.

40

Und dö, was dös mach'n, dö brauch'n die Gerechtigkeit net, san net ang'wiesen drauf. Waßt, dö Gerechtigkeit is nur für die andern, denen Unrecht g'schiecht, und dö müff'n 's nehmen für an Guld'n — —"

„Hörst, Kiebiß, du red'st so g'scheit wia a jüdischer Tandler," unterbrach ein kleiner, ganz versoffen aussehender Bursch die spannungsvolle Stille, mit der die Rede des Kiebiß angehört wurde. „Oder wia da frag'kasten von der Zwakreuzerzeitung."

Der Kiebiß winkte dem Sprecher mit ironischer Freundlichkeit zu und wandte sich wieder an seine Gesellschaft.

Ich war mit der Ausbeute des Abends zufrieden und wollte das Lokal verlassen.

„Wohin gehst d' den pfeifen?" fragte mich mein Nachbar, als ich aufstand.

„Oh, i hab' an 'preßten Pfiff," versuchte ich auf den Ton einzugehen.

„Wo denn? Kann i mitgehn?"

„Das geht net," erwiderte ich lachend. „Dort lassen f' di net eini und dann is dort nur Plaß für an."

Am nächsten Abend saß ich wieder auf meinem Plaß im Hinterzimmer der Suppen= und Teeanstalt.

Und ich kam von nun ab täglich. Immer vertrauter wurde ich mit den Burschen hier, lernte ihre Sprache und ihre Gewohnheiten kennen, und während ich anfangs nur stummer Zuhörer war, beteiligte ich mich später auch an der Unterhaltung.

Mit großer Mühe gelang es mir dann endlich, die ersehnte Bekanntschaft des Kiebiß zu machen. Er be=

gegnete mir schroff und mit innerem Mißtrauen. Er mußte wohl fühlen, daß ich seiner Klasse nicht zugehöre. So entschloß ich mich rasch, ihm das Geheimnis meiner Absichten zu enthüllen und ihn um seine Hilfe zu bitten.

„Ich hab' mir's gleich gedacht" — er sprach nach meinen Aufklärungen im besten Deutsch — „was muß das für ein Vogel sein? Ja, wenn Sie's riskieren wollen? Es ist aber kein Theaterbesuch, schon mehr ein großartiges Varieté, in dem auch verschiedene Hungerkünstler auftreten. Also ich bin dabei."

Aber noch waren meine Vorbereitungen nicht beendet. Ich wünschte, meinen nächtlichen Wanderungen einen offiziellen Zeugen zuzuziehen. Ich hatte damals mit dem Wiener Richter Hermann D r a w e sehr herzliche Freundschaftsbeziehungen angeknüpft und sein reges und aufrichtiges Interesse für die Verlorenen der Großstadt, denen er stets ein milder und gütiger Richter war, veranlaßte mich, ihm den Antrag zu stellen, mich gleichfalls, als Vagabund verkleidet, auf meinen Exkursionen zu begleiten. Daß Drawe ein ganz ausgezeichneter Photograph war, ließ ihn mir für meine Zwecke noch geeigneter erscheinen. Naturgemäß zögerte der Richter anfangs, insbesondere aus Gründen, die mit seiner Stellung als Strafrichter zusammenhingen. Alsbald aber gelang es mir, ihn von der sozialen Bedeutung der geplanten Arbeit zu überzeugen und er willigte ein.

Ein Zusammentreffen mit dem Kiebitz, dessen Aufschlüsse uns darüber belehrten, daß photographische Aufnahmen nur bei Blitzlicht möglich sein würden, informierte

42

uns auch über alle jene Oertlichkeiten, die wir uns auf=
zusuchen entschließen mußten.

Wir entschieden uns zunächst für die Schächte des
Sammelkanals, die sich längs des linken Donauufers hin=
ziehen und vereinbarten eine der nächsten Nächte, an der
wir die erste Wanderung unternehmen wollten.

——— ——— ——— ——— ——— ———

Es war 11 Uhr abends, eine lustig funkelnde Nacht
im November, als wir unseren ersten Weg zu den Obdach=
losenlagern unter der Stephaniebrücke machten.

Schon tagszupor hatten wir den Eingang dieses Kanal=
schachtes und seine Umgebung in Augenschein genommen.

Diesmal hatte ich mit meinen Vagabundenkleidern
zugleich eine ausgelassene Munterkeit angelegt. Es schien
mir, als könnte ich jetzt alles sagen und tun, unbelästigt
von dem Zwange gesetzter Bürgerlichkeit.

Der Richter trug einen kleinen, mit Munition wohl=
versorgten Apparat in der Innenseite eines Ueberrockes
verborgen, dessen Verwüstung ihm wohl große Mühe ge=
kostet haben mußte. An Waffen trugen wir für alle Fälle
je einen englischen Schlagring mit gehärteten Stahlspitzen
und einen kleinen Revolver mit.

Die Hände in den zerrissenen Hosentaschen, gingen
wir ganz keck um einen Wachmann herum, der steif an
einem Brückenpfeiler lehnte.

Man sah es, sein ganzer Körper schlief und nur die
Augen versahen den Dienst. Er blickte uns mit einem
dieser Augen an und sah dann weg. Kein Zweifel, wir
waren für seinen Ehrgeiz zu gering.

43

Durch die kleine Türe eines Holzverschlages, der von der Stephaniebrücke an die Obere Donaustraße ein Stück hinab begleitet, traten wir nun ein und stiegen hinab über dunkle glitschige Steinstufen zum Donauufer.

Drunten stolperten wir über lange Reihen nasser Holzklötze und wandten uns dann zu der von einem Brückenpfeiler und der Stiege gebildeten Nische, in der sich der Eingang zu dem Schachte des Sammelkanals befand.

Es war kalt und ruhig ringsum. Summend lief der Wind hin und her und drehte sich kreisend auf dem Boden, der weiß und aufgesprungen war. In den weiten Winkeln der Pfeiler hinter der Brücke kauerte tiefe Dunkelheit. Von der Straße aber winkten farbige Lichter herab, warfen zuckenden Glanz auf die feuchten Hölzer, während der Kanal in dunkeln Massen zögernd und schwerfällig vorwärts strebte.

Wir öffneten die eiserne Türe zum Kanalschachte, deren zertrümmerte Fenster mit Papier und Werg verstopft waren, und Wellen furchtbarer Ausdünstungen schlugen uns ins Gesicht.

In der Mitte des etwas zimmergroßen Raumes brannte ein qualmendes Holzfeuer, um das ein Dutzend meist junger Bursche herumsaßen oder lagen.

Von unserem Eintreten nahmen sie fast keine Notiz. Nur im Hintergrunde meldete sich eine polternde Stimme:

„Ah, no drei Passaschere.“

Mit einem halben „Guten Abend“ drückten wir uns in einen Winkel und setzten uns auf die Erde, die teilweise mit schmutzigen Fetzen und Streu bedeckt war. Ueber uns hingen auf einem Strick verschiedene Fragmente von

44

Kleidungsstücken, die naß waren und von denen stete Tropfen herabfielen.

Still waren die Menschen alle. Nach einigen Minuten erhob sich ein junger Bursche halb vom Boden. In seinem bleichen Kindergesicht stand der Stempel der Tuberkulose. Er lallte mit heiserer Stimme und verschlafenen Augen: „Habt 's an Tschick"[1]) und warf sich, ohne eine Antwort abzuwarten, wieder auf sein Lager nieder.

Im Vordergrunde nächst dem Feuer hielt ein etwa zwanzigjähriger Mensch das Stück eines „Leserls" (Zeitung) in der Hand. Er buchstabierte mit stumpfem Ausdruck im Halblaut.

In allen diesen Gesichtern aber stand der Hunger. Ich sah auch intelligente Züge, aber entweiht durch blut-zehrende, häßliche Armut.

Im Hintergrunde lagen auf Brettern ein paar alte „Püls" (Obdachlose). Sie hatten den Kopf auf Stroh gebettet, die Füße stark gespreizt, die Arme weit aus-einander gebreitet. So lagen sie fest an den Boden geschmiegt, auf eine Weise, daß jeder Muskel ausruhen kann.

Nach einiger Zeit entwickelte sich zwischen den am Feuer Sitzenden ein Gespräch.

„Morgen geht der ‚Gelbe' los,"[2]) sagte ein hübscher Bariton.

„Warum war er denn ‚verschütt?'"[3]) fragte der Zeitungsleser.

---

[1]) Zigarrenstumpf.
[2]) Wird aus dem Arrest entlassen.
[3]) Eingesperrt.

„Wegen ans,[1]) i sag' dir, dös ist der Paragraph, der stimmt d'r immer. Muaß aner froh sein, wann'r net a no den Siphon[2]) kriagt. Vierzehn Täg war i dessentwegen z'letzt in der Kist'n.[3]) Hast an Orbat g'sucht?, fragt di der Richter. Sog' eahm, daß d' drei Täg' rumg'rennt bist wia a Viech, daß d'r da Schwitz nur a so obag'runna is. Sag eahm, daß d' nix z'fress'n g'habt hast, nit amol a Stückel Brot, und daß, wiast am vierten Tag aufg'standen bist in der Röhr'n[4]) dir der Magen nur a so g'want hat, daß d' net auf d' Füaß hast stehn kinna, und do hätt'st d' an Orbat suachen solln. Sag eahm's wannst willst, i tua's net, und nutzen tuat's a nix."

Er hatte sich in wilden Zorn hineingeredet und fuchtelte mit den nackten Armen herum. Ich sah, daß er kein Hemd am Leibe trug und die bloßen Füße in ausgetretenen, zerrissenen Schuhen staken.

„Is jo ollas ans. Dös G'scheit'ste is drum, ma stiehlt si' z'samm', was ma zum Leb'n braucht," sagte der Zeitungleser eigentümlich ruhig. „Brummen tuast d' a so und a so, ob weg'n ans oder an andern Paragraphen, kann da' Butt'n[5]) sein. Wannst d' nix hast, kannst a auf dö Anständigkeit pfeifen. Z' dumm is nur, daß ma in den z'nepft'n[6]) G'wand net amol was rechts stehl'n kann. Jo,

---

[1]) Vagabundage.
[2]) Ausweisung.
[3]) Arrest.
[4]) Im Kanal.
[5]) Alleseins.
[6]) Zerrissen.

a zum Stehl'n brauchst d'r heut' a Betriebskapital. Heut' is halt ollas kapitaliſtiſch, freunderl."

Allmählich wurde es ſtiller. Die flammen des Holz=feuers verlöſchten, und von der roten Glut der Scheite breitete ſich ein blutfarbiger Lichthauch auf die Liegenden, die einzuſchlummern begannen.

Bleiern und lautlos war ihr Schlaf, einer Ohnmacht gleich . . .

Nur zwei Burſche ſaßen in der Nähe des feuers und ſchauten ſinnend vor ſich hin.

Wir lagen bewegungslos in einer dunkeln Ecke außer=halb des Lichtbereiches.

Jetzt ſtieß der Kiebitz den Richter an, der, mit dem Apparat auf dem Boden kriechend, einen Platz für ſeine Aufnahme ſuchte. Der Kiebitz dicht hinter ihm.

Es war ein ſpannungsvoller Moment.

Was würde geſchehen, wenn jetzt das Blitzlicht mit einem Knall entzündet wird?

Mußten nicht die Leute, aus der Ruhe emporgeſchreckt, in uns feindliche Eindringlinge ſehen, vielleicht gar Ver=bündete der Polizei, und würden ſie ſich nicht auf uns ſtürzen mit einem Wutſchrei, ob des vermeintlich geübten Verrates?

Einige Sekunden war es ganz ſtill.

Ich hörte nur ein Kratzen im Sande.

Von dem Richter und dem Kiebitz war nichts wahr=zunehmen.

Die Leute am feuer ſaßen mit matt herabhängenden Armen und wiegenden Köpfen noch immer aufrecht.

47

Instinktiv griff ich nach dem Revolver, den ich in der Hosentasche bereithielt, und als ich das kalte kleine Eisen zwischen meinen Fingern fühlte, da wurde ich mir erst der ganzen Tragweite meiner Situation bewußt.

Atemlos aufhorchend hörte ich nun leise den Richter sagen:

„Jetzt los.“

Es war nur ein leises Zischen zwischen den Lippen, dem eigentlich meine ganze Phantasie den Text unterlegte. Und schon, es ergoß sich durch den Raum ein grelles, blendendes weißes Licht, das mit Gedankenschnelle die ganze Höhle erhellte und jeden Riß an den Wänden und allen Unrat in den Ecken wie durch ein Wunder auf-zeigte. Wie eine furchtbare, niederschmetternde Enthüllung, voll grausamer Bosheit, wirkte dieses sprühende Licht.

Aber eine Sekunde nur, in der ich wie elektrisiert da-saß. Denn gleich darauf sank wie ein undurchdringlicher schwarzer Vorhang die Dunkelheit wieder herab, in der das rote Feuer nun gespenstig strahlte.

Die beiden Burschen am Feuer fuhren in die Höhe.

„Jesus Maria!“ rief der eine, am ganzen Leibe zitternd.

Der andere schwieg. Ich konnte sein Gesicht nicht sehen, aber ich hatte die Empfindung, daß er in maßlosem Staunen erstarrt war.

Gleichzeitig hörte ich aus dem Hintergrunde die brutale Stimme des Kiebitz, der mit gutgespieltem Un-willen sagte:

„Fix no' amal, jetzt is dös ganze Bengalische hin.

Lager in einem Seitenschacht.

Ein Stammgaft aus dem Sammelkanal.

Ein Schachteingang. (Zwischen Stephaniebrücke und Ferdinandsbrücke.)

Ein Obdachloser beim Feuer liegend.

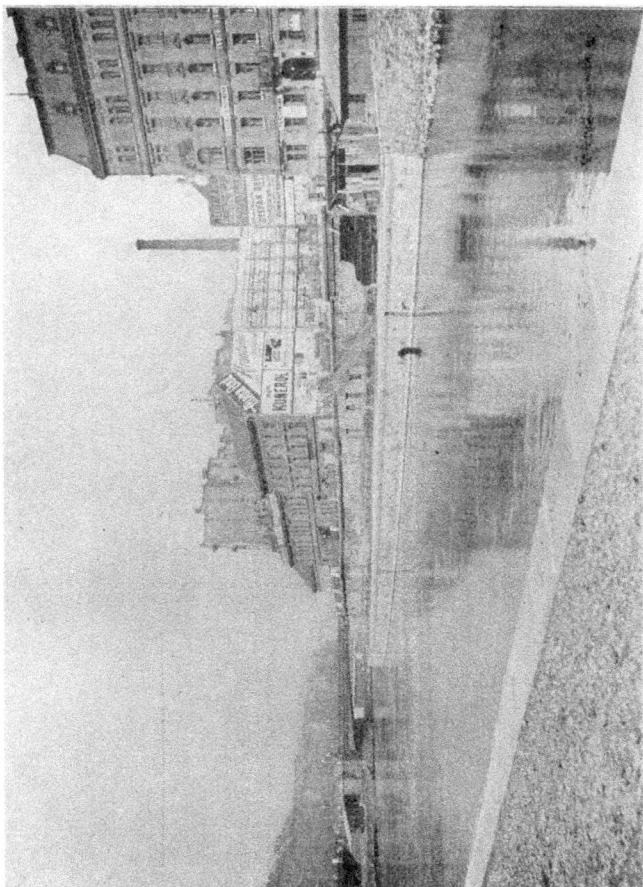

Ein Stadtteil bei der Ferdinandsbrücke.

Der Hintergrund der Sammelkanal-Schachte.

Schläfer im Schachte bei der Ferdinandsbrücke.

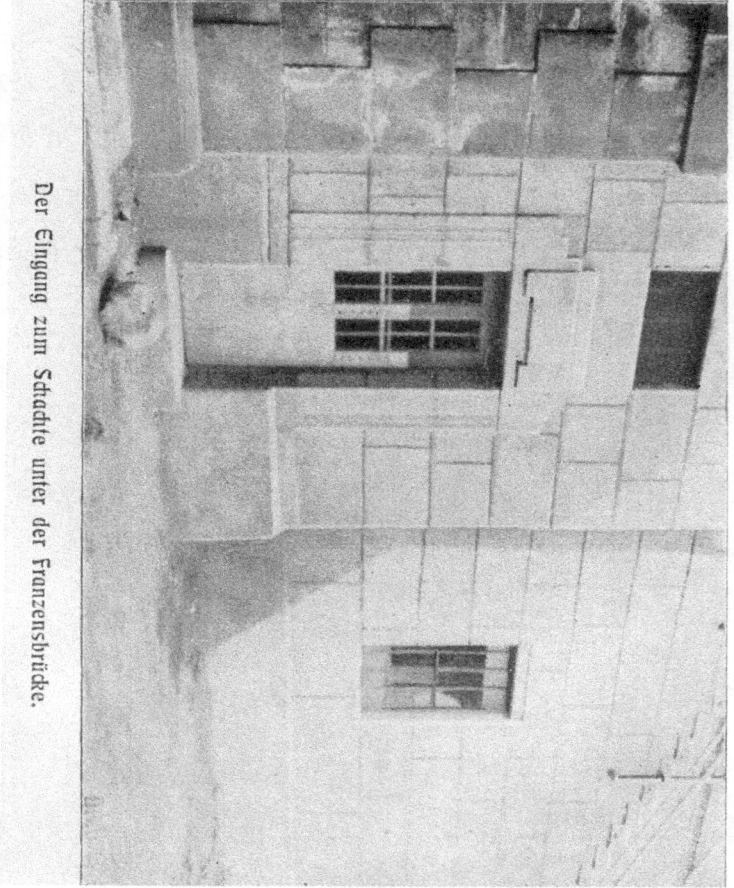

Der Eingang zum Schachte unter der Franzensbrücke.

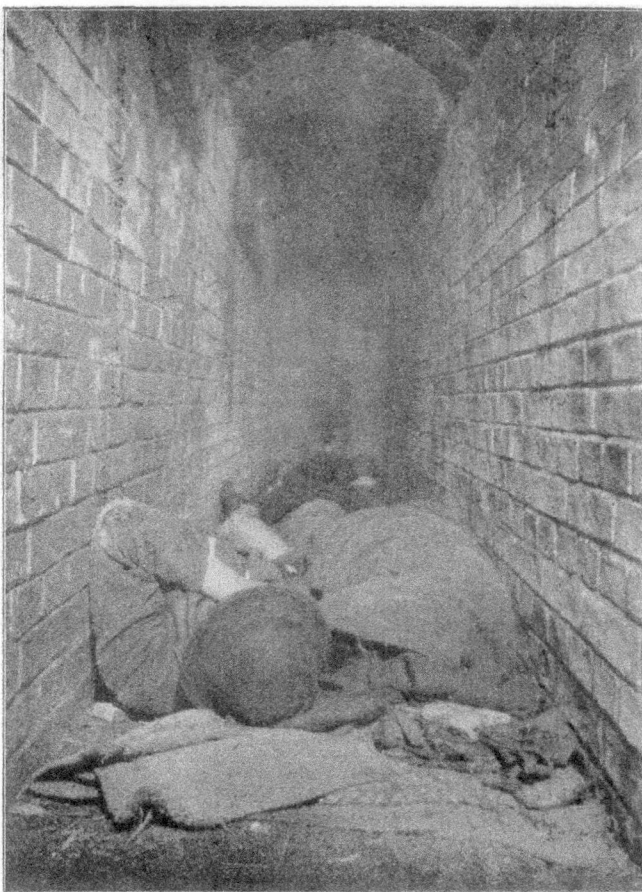

Die Quartiere in den Schachten der Franzensbrücke. (Schacht I.)

Die Quartiere in den Schachten der Franzensbrücke. (Schacht II.)

Wos stößt d' denn immer?" wendete er sich an mich. „Mein letzt's Flins[1]) is jetzt a tschari."[2])

„Wos san dös für Tanz'?" sagte jetzt der Mann, der den erschrockenen Ausruf getan hatte, immer noch vor Aufregung bebend.

„Willst's 'leicht zahl'n, G'scherter" erwiderte der Kiebitz frech.

Keine Antwort. Es wurde wieder ruhig. Als seien die beiden am Feuer erst durch den Vorfall darauf aufmerksam gemacht worden, daß sie noch wachten, streckten sie sich jetzt mit einem Seufzer auf den Boden hin.

Von den anderen hatte sich niemand gerührt. Sie mußten sich wohl vor den Qualen und der Last des Tages verkrochen haben in abgrundtiefe Bewußtlosigkeit. Vielleicht war dieses Licht nur in ihren Traum gedrungen und hatte ihnen eine seltsame Vision gebracht.

Nun schliefen sie alle.

Leichte Rauchschwaden von dem verbrannten Magnesiumpulver kamen herab und umspannten das noch leise glimmende Feuer und legten sich, sanft über die Schläfer streichend, wie eine zärtliche Decke über sie.

Der Richter und der Kiebitz hatten sich an mich herangeschoben.

Der Kiebitz faßte meine Hände und veranlaßte mich, ihn am Rocke festzuhalten, und so schoben wir uns hintereinander der Türe zu.

---

[1]) Zwanzighellerstück.
[2]) verlorengegangen.

Vorsichtig tappend, der Kiebitz voraus, peinlich darauf=
sehend, daß wir an keinen der Schlafenden anstoßen.

Es währte Minuten, bis wir die paar Meter zurück=
gelegt hatten.

Und als wir dann die Türe behutsam hinter uns
geschlossen hatten, da fuhr im gleichen Augenblicke mit
einem heftigen Stoß der kalte Nachtwind auf uns los, als
wollte er uns mit unsichtbaren Händen eilig forttragen,
weit, weit von dieser Höhle der Not —

———————————————————

Am nächsten Tage statteten wir dem unterirdischen
Quartier neuerdings einen Besuch ab. Wir fanden nur
einen Mieter, der eben mit seinem Frühstück beschäftigt war.

Es war ein alter Bekannter vom Bezirksgericht her.
Der Mann mochte etwa siebenundvierzig Jahre alt sein. Er trug
seinen fetzigen Anzug mit einer wunderbaren Würde. Die
wenigen dünnen Haare klebten fett auf seinen glatten
Kopf und waren sorgfältig frisiert. So sah er, der sich
zu wiederholtenmalen wegen Vagabundage vor Gericht
zu verantworten gehabt hatte, fast wie ein wohlhabender
Bürger aus, der die Laune hat, mit seinem Aeußeren
Allotria zu treiben. So zufriedene ruhige Augen hatte er
und ein rotgefärbtes Gesicht.

Seine Geschichte kannte ich schon. Seit sieben Jahren
— er ist Fleischselcher — hatte er keine regelrechte Arbeit
finden können und hauste in diesem Schachte des Sammel=
kanals. Die Kost liefert die Suppen= und Tee=Anstalt, wenn
ihm der Zufall nicht ein paar Kreuzer bringt. Es ist
ein ziemlich eintöniges Menu; früh eine Suppe, mittags
ein Gemüse und abends wieder Suppe. Das bißchen Stroh

für sein Lager muß er sich mühsam zusammentragen. Er holt es nachts von den Bauernwagen, die zum Markte fahren, auf dem Hof und Naschmarkt. Dazu auch hie und da einen Kotzen, der die Butten zudeckt.

So verfließt sein Leben in stetem Kampfe um die notdürftigsten Existenzmittel. Aber stolz preist er die einzigen Erfolge, die er erringt und die darin bestehen, daß er stets von neuem von der Anklage wegen Vagabundage frei- gesprochen wird. So mag ihn über den Umstand, daß er gelegentlich einmal erfrieren oder verhungen wird, seine ungetrübte Unbescholtenheit trösten . . .

In den nächsten Nächten setzten wir unsere Wande- rungen durch den Sammelkanal in der Richtung gegen die Ferdinandsbrücke fort.

Etwa in der Mitte zwischen Stephanie- und Ferdinands- brücke fanden wir den nächsten bewohnten Schacht. Außen befand sich wie überall ein kleiner Vorbau, der eine Türe und zwei Fenster aufwies, während rechts und links Stufen zur Straße emporführten.

Der Vorraum, in dem sich die Bewohner aufhalten, besitzt rechts und links von der Tür etwa zweieinhalb Meter breite Gänge, deren Rückwand, der äußeren Stufe ent- sprechend, aufsteigt. In der Mitte des Raumes befindet sich noch ein schmaler Gang, der bis zum Kanal hinab- läuft und von ihm durch eine Eisentüre abgeschlossen ist.

In besonders kalten Nächten bereiten sich die „Griasler" (Obdachlose) auch hier ihr Lager, da der feuchtwarme Dunst, der vom Kanal heraufdringt, die Temperatur erhöht.

Bei unserem Besuch fanden wir nur einen Bettgeher in diesem Schachte vor. Er saß vor einem Holzfeuer, auf dem er etwas in einem alten Topfe kochte. Mit der Zigarette in der Hand war er eingeschlummert.

Als wir eintraten, sprang er erschrocken auf.

„Jetzt hab' ich glaubt, es is d'Schmier.[1]) Gestern war so a haße[2]) da und hat etliche mitg'numma. Und die ganzen Fetzen hab'n 's in d'Donau g'schmiss'n. Ma kann si' gar nimma hinleg'n."

Der Mensch stieß fürchterliche Verwünschungen aus. Die heftigen Verzerrungen seines Mundes standen in selt= samem Gegensatz zu den armen, glanzlosen Augen.

Das nächste Quartier fanden wir oberhalb der Ferdinandsbrücke, wieder dieselbe äußere Einrichtung. Der Schacht war etwas breiter als sonst, aber der Boden starrte vor Schmutz und die Luft war erfüllt von ekelhaften Gerüchen.

Auf der linken Seite schlief auf einem Brette irgend ein armer Teufel. Er war ganz in Fetzen eingehüllt. In der Nähe seines Kopfes lagen die sogenannten „Kochsteine."

Im rechten Gange aber lagen etwa zwanzig Leute. Uebereinander, zum Knäuel gebildet, die Gliedmaßen des andern als Polster benützend. Sie waren förmlich ineinander vergraben, um so der dem Körper entströmenden Wärme teilhaftig zu werden.

Es ist Mitternacht und kalte Luft zieht durch den Raum. Der Wind fährt durch die Türe. Er wirbelt Ufer= sand herein und streut ihn auf die Schlafenden. Die aber kümmert 's nicht. Ihre Erschöpfung wird durch nichts

[1]) Polizeistreifung.
[2]) Strenge.

52

gestört. Und wenn man sie erweckt, starren sie einem mit zitternden Kinnladen in furchtbarem Erschrecken an und nur die namenlose Müdigkeit überwindet ihre Angst und wirft sie wieder nieder.

Besonders lebhaft waren die Eindrücke, die wir im Schachte unter der Franzensbrücke erfuhren. Es war gar nicht leicht, hier Eingang zu erhalten. Mit großen Steinblöcken war die Türe verrammelt, denn hier befanden sich viele, die den sogenannten „Wienverweis" hatten.

Durch einen größeren Vorraum gelangten wir über Stufen zu dem breiten und sehr langen Kanalschachte, in dem ebenso wie in einem Nebengange etwa fünfzig Menschen nächtigten. Im Hintergrunde befanden sich mehrere Bettgeher im Gespräch. Wir krochen über die Leiber der Schlafenden hinweg und legten uns in die Nähe der Türe. So konnten wir ein Stück Philosophie erlauschen, wie sie in dieser Umgebung gedeihen muß.

„Ihr glaubt's es nöt," sagte ein etwa dreißigjähriger Mensch mit einem Schauspielergesicht. „Ihr glaubt's, ma legt si hin, reißt's Maul auf und dö bratenen Tauben fall'n a'm eini. Faul seid's und feig a dazua. Riskiern muaß ma . . . riskiern! . . . . Und an Unternehmungsgeist hab'n. Du G'flickta, bild'st d'r was drauf ein, daß d' no ka Diebstahlsstraf' host. Dumm's Luada, glaubst du g'hörst dazua zua d'Leit, was a ganze Hosen und a Hemad hab'n?! Zu was brauchst d' denn dei Ehrlichkeit? Gibt da ana a Häfen Zuaspeis dafür?" — — — —

Der Sprecher wurde hier jäh unterbrochen.

Weit vorn ertönte plötzlich wildes Kreischen und Schreien:

„Du Diab! . . . Diab! Der Hund hat mir d' Säckeln[1] g'stohl'n".

Ein junger Bursch hatte sich mit einem Sprung auf einen dicken Menschen gestürzt, der in seiner Nähe lag und bearbeitete ihn mit Händen und Füßen, wobei er in Absätzen stets von neuem schrie:

„Diab! . . . Diab! . . . Hund!"

Einzelne Schlafende erwachten und erhoben sich halb, aber sie verhielten sich völlig teilnahmslos.

Einige Zeit nur herrschte peinliche Stille, dann hörte man den Schauspieler in kaltem, schneidendem Tone sagen:

„Halt 's Maul, G'füllter. Mach kane Tanz'. Hast j' jo selber g'stohl'n."

Wir machten uns leise davon, krochen über die Leiber hinweg, hinaus aus dieser Elendgrube ins Freie.

Draußen trabte eben ein eleganter Wagen auf Gummirädern langsam vorüber. Seine grellen elektrischen Lampen blickten scharf und hochmütig in die ruhende Straße. . .

[1] Socken.

54

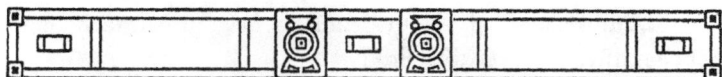

Quartiere im Wienkanal.

Es waren Nächte, ganz erfüllt von schauerlicher Romantik, die ich im Sammelkanal durchlebte.

Das Bewußtsein, in der Werkstätte des Verbrechens zu weilen, erzeugte in mir höchste Spannung. Denn was ich vorausgeahnt hatte, sah ich jetzt klar: Aus diesen Gefängnissen, in die das kreisende Leben die Schwachen und Untauglichen hinabstößt, wachsen die gesellschaftsfeindlichen Taten empor. Hier bäumt sich das unterdrückte Recht auf Existenz mit der Kraft der Verzweiflung auf, wirft sich dem passiven Widerstande, den ihm die mitleidslose Gewalt der sogenannten Ordnung bietet, entgegen, und saugt aus seiner Erbitterung die verbrecherischen Impulse.

So oft ich eine der geschilderten Stätten des Elends betrat, fragte ich mich schaudernd von neuem:

Hier kann man leben? Und sie leben doch?!

Wie weit vermag denn das Minimum der Bedürfnisse herabgeschraubt zu werden?

55

Wann versagt denn endlich der unheimlich stete Lebenswillen und ergibt sich?

Der Kiebitz war in diesen Nächten stets mein treuer Gesellschafter gewesen. Wie seltsam er lächelte, wenn er mein Erschrecken sah. Er nickte nur immer mit dem Kopf, als wollte er sagen: Das ahnen sie wohl nicht dort oben. . .

Und dann gab er seine Erläuterungen ruhig und sachlich, wie ein Fremdenführer, der für das beschriebene Objekt kein Interesse mehr hat.

Gegen die Bewohner des Sammelkanals benahm er sich zurückhaltend. Sie gehörten nicht zu seinem Kreise und er begegnete ihnen deshalb mit Vorsicht. Als wir unsere Wanderungen hier abgeschlossen hatten, erzählte er mir von Nachtlagern im Wienkanal, wo hunderte Personen im Winter in seinen Schächten und Stollen ihr Lager hätten.

Meinen Vorschlag, mich auch dorthin zu begleiten, lehnte er jedoch ab. Ueber die Gründe gab er keine Auskunft, führte mir jedoch eines Abends in der Suppen- und Teeanstalt einen Mann vor, den er mir mit den Worten präsentierte:

„Das ist unser W e b e r, der Hausmeister des Wienkanals. Der könnte Ihr Führer werden."

Es war ein schmächtiger, mit einem Havelock von undefinierbarer Farbe bekleideter Mensch.

Ein schmales, bräunlich gefärbtes Gesicht, mit eingefallenen Wangen und einem vernachlässigten kleinen Schnurrbart, erzählte von Entbehrungen. Und seltsam: dieses Gesicht war mir vom ersten Augenblick an vertraut. Aus

Der „Hausmeister" des Wienkanals.

Der Pestalozziturm.

den großen weichblickenden Augen, die einen treuen Ausdruck hatten, sprach etwas, was mich sofort mit Teilnahme
erfüllte.

Ganz überrascht aber war ich nach dem ersten Gespräch
über die außerordentliche Intelligenz, die mein neuer Mann
an den Tag legte. Er berichtete mich genau über die
Oertlichkeiten, die wir zu besuchen hatten, und erzählte mir
dann in bescheidener und trockener Kürze seine Lebensgeschichte.[1]

Nach einigen Nächten, die ich mit ihm verbrachte,
hatte ich bei seiner offenen Art, sich zu geben, schon ein
Bild seiner ganz eigenartigen Persönlichkeit gewonnen.

Mir erschien er eigentlich als der Repräsentant
einer Gattung, wie sie sonst der russische Boden erzeugt.
Als ein echter Vagabund, voll Schwermut und Inner-
lichkeit, als Einer, den das Fangespiel ums tägliche
Leben ergötzt und der es nicht der Mühe wert findet,
sich einen Platz in der Gesellschaft zu suchen, weil er sie
einfach verachtet.

So gar nicht wienerisch leichtfertig war er. Ein über-
zeugter Zigeuner. Keine Spur von Resignation, aber auch
keine Herausforderung lag in seinem Wesen. Sein Haupt-
zug war eine Art stiller Würde. Kleine Bequemlichkeiten, die
ich ihm bot, bescheidene Geschenke, die ihm in seiner Lage
als unerhörte Glücksfälle erscheinen mußten, empfing er
ruhig, ohne Gier oder heftige Lüsternheit. Er verschloß
sich den gebotenen Vorteilen nicht, aber er erregte sich auch
nicht im mindesten, um sie zu gewinnen.

---

[1] Siehe Kapitel „Generalien und Typen".

57

In der Brusttasche seines einzigen Rockes trug er sorgfältig ein Paket verwahrt, mit dem er nur sehr ungern herausrückte. Es waren Aufzeichnungen über den Lebensgang seiner vorübergehenden und ständigen Schlafgenossen, die er auf das gewissenhafteste fortführte. Auch seine eigene Lebensgeschichte fand sich darin. Dutzende von Blättern mit enger sorgfältiger Schrift, fast fehlerlos in der Ortographie, und voll origineller, oft urwüchsig-humoristischer Wendungen.

Die Kritik, die er darin an seinem Geschick übt, ist nie heftig. Ein paar Sentiments und viel Ironie, mit behaglicher Laune vorgetragen. Zumeist aber hat er eine fatalistische Auffassung von seiner Lage, der er auch viele amüsante Seiten abzugewinnen weiß. Und das genügt ihm vollends. Er hat nur den einen leidenschaftlichen Wunsch, unabhängig zu sein.

Bei der Durchsicht dieser „Dokumente", wie er sie selbst nannte, fand ich auch ein von ihm verfaßtes Gedicht, betitelt „Mein Gefängnis", das ich hieher setzen will, um den Intellekt und die Stimmung dieses Menschen zu charakterisieren.

Wie entschuldigend fügte er hinzu, als ich das Papier in der Hand hielt:

„I g'spür's ja net, aber meine Leut' g'spürn's und eahna hab' ich's a g'mant."[1]

Unseren ersten Einstieg in den Kanal bewerkstelligten wir durch den Pestalozziturm, einen der zahlreichen Kioske, die den Wienfluß auf beiden Seiten begleiten.

---

[1] Ihnen ist es zugedacht.

58

Faksimile des Gedichtes „Mein Gefängnis" von Josef Weber.

Mein Gefängnis!

Aus Zement und Stein gemauert,
Schuf man einst ein Stiegenhaus.
Dieses Werk hat lang gedauert,
Doch jetzt geht man ein und aus.
Zierkloske zeigt die Straße,
Niemand ahnt das Nachtgetriebe,
„Fraggestalten" huschen schnelle
Aengstlich in den Turm wie Diebe.
Ueber Stiegen schlüpfrig sachte,
Bei dem Kerzenlicht, dem matten,
Geht es jetzt zum Aufzugschachte,
Pfeifend flüchten hurtig Ratten.
Leise rauschen Wienflußwellen —
Fern erstirbt das Wagenrollen,
Lautlos schleichen die Gesellen —
Was ist eigentlich ihr Wollen?
Vor dem Elend flüchten wir
In des dunklen Rohres Tiefen,
Während haushoch über uns
Ach so glücklich Menschen schliefen.
Steine sind das Polster mein,
Das dem Körper Ruhe spendet,
Und der Gifthauch des Kanals
Ist es, der uns Wärme sendet.
Sorgen, die bei Tag uns hetzen,
Sind für mich die treuen Wachen,
Warten lauernd auf den Morgen,
Reiche und ihr könnt noch lachen!?
Mein Gefängnis! Nie werd' ich entlassen,
Weil dort oben auf der Straße
Fromme Christen auf uns passen.
Lebenslänglich. Kein zurück!
Nie werd' ich den Jammer los.
Menschen, die ihr Herzen habt,
Ist denn meine Schuld so groß?

Josef Weber.

Es war zehn Uhr abends, als wir unsere Wanderung antraten.

Der Hausmeister öffnete blitzschnell mit einem Dietrich die kleine eiserne Türe des Turmes und wir stiegen die enge, stark gewundene Treppe hundert Stufen hinab bis zur Sohle des Kanals.

Dieser Einstieg ist einem Rauchfang vergleichbar. Schwarzer Staub und Schmutz hängt in Fetzen an den Wänden und fällt bei der leisesten Berührung in einem Regen auf uns herab.

„Dös is der anzige Niederschlag, den ma hab'n, der Schmutz," sagte unser Führer sarkastisch, „und unsere Gegend ist sehr niederschlagsreich."

In einigen Minuten waren wir am Ende der Stufen angelangt und traten, Laternen in den Händen, durch einen leise abfallenden Gang hinaus in den Hauptkanal.

Ein heftiger Luftzug empfing uns, und wir standen überrascht in dieser unheimlichen monumentalen Anlage.

Die Sohle ist etwa fünfundzwanzig Meter breit, die Wölbung ein gutes Stockwerk hoch und in der Mitte des Bodens fließt das schmale, niedrige Wasser der Wien, streckenweise von einer meterhohen Mauer begrenzt, dunkel, rauschend und singend, eine eigentümlich stereotype Melodie.

So stehen wir in der Dunkelheit, die ruhig und dick im Raume lagert. Das kleine Licht unserer Laternen kämpft vergebens gegen diese schweren Schatten und wir haben das Gefühl, als wären wir verloren gegangen, versunken . . .

An den riesigen Wänden streckten sich lichte und dunkle Streifen weit hinauf in die Wölbungen, reißen

61

plötzlich ab und springen in tollem Zickzack herab, um
wieder in ernsten geraden Linien emporzustreben.

Ueberall quillt und sickert Feuchtigkeit, die Luft ist
erfüllt von einem unleidlichen, süßen Düngergeruch.

Jeden Augenblick erhebt sich irgendwo ein hallendes
Geräusch. Die Wände schreien auf, und donnernd und
heulend läuft der Lärm die Mauern entlang, endlos sich
erneuernd.

„Jetzt san ma unter der Pestalozzigass'n. Gradaus
kumman ma zum Schwarzenbergplatz," erklärte der Hausmeister.

Bequem schreiten wir auf dem glatten asphaltierten
Boden vorwärts, der nur stellenweise von schmalen Mulden
unterbrochen wird, die die Ausflußröhren des Hauptkanals
mit dem Wienfluß verbinden.

Unser Weg bleibt stets gleichförmig auf der ganzen
Strecke der Umwölbung, die beim Stadtpark beginnt und
sich bis zur Engelgasse in Mariahilf dehnt.

Nach etwa tausend Schritten veranlaßte uns der
Hausmeister, links in einen Seitenschacht einzutreten, der
zum Schwarzenbergturm, einem Kiosk gleich dem Pestalozziturm, führte.

Hier fanden wir auch die ersten unterirdischen Bewohner,
zwei „Schrobs", wie die jüngeren Obdachlosen genannt
werden. Sie lagen, da der Boden naß war, auf einem
Haufen grobkörniger Steine, eng ineinander verschlungen.

Einige hundert Meter von diesem Schachte stand uns
die erste schwierige Aufgabe bevor. Es galt, durch ein
etwa meterhohes und fünfzig Meter langes Rohr hindurchzu-
kommen, um in die sogenannte „Küche" gelangen zu können.

Dies ist ein etwa drei Meter im Quadrat großer Raum, in dem seinerzeit, während des Kanalbaues, die Arbeiter ihre Mahlzeiten kochten, und der jetzt von den Wien-Bewohnern zu den gleichen Zwecken verwendet wird.

Es kostete uns einen mutigen Entschluß, diesen Schlauch, der ein wenig aufsteigt, hinaufzukriechen. Wir rutschten auf den Knien mit gebeugtem Kopfe vorwärts, wobei wir uns mit den Händen gegen die Mauern stemmten. Gleich nach einer kurzen Strecke, die wir in der Röhre zurückgelegt hatten, mußten wir einen Menschen überklettern, der hier in dem feuchtwarmen Dunst nächtigte.

Wir leuchteten ihm mit der Laterne ins Gesicht.

Es war ein etwa achtzehnjähriger Bursche, der mit offenem Munde schlief. Seine eingesunkenen Augenlider, auf denen große, blaue Adern hervortraten, die eingeschrumpften, blutlosen Lippen, erweckten den Eindruck, als läge ein Ertrunkener da.

Nach etwa zehn Minuten Kletterarbeit langten wir in der Küche an. Mehr als die physische Anstrengung quälte uns dieser feuchtwarme Dunst, in dem sich Modergeruch und Ausdünstungen faulen Mistes vereinigten, so daß wir nur in kurzen Sätzen stoßweise atmen konnten.

Die Küche erwies sich übrigens als ein wirklich freundlicher Raum. Sie ist mit Ziegeln ausgemauert und macht einen reinlichen Eindruck. Am Boden liegt trockenes Stroh.

Etwa in zwei Drittel Hälfte der Höhe in der Rückwand beginnt neuerdings ein Schlauch (ein Gang) in etwa Meterhöhe mit flachem Boden, dessen Wölbung in Halbkreisform ausgemauert ist. Er führt etwa vierhundert

Meter weit bis zum großen Sammelkanal, mit dem er durch die früher beschriebene Röhre den Wienfluß verbindet.

Ueberhaupt ist es der Beruf aller dieser auf der rechten Seite der Wien vorhandenen Röhren, Kammern und Schläuche, die Verbindung zwischen ihr und dem Hauptsammelkanal herzustellen, der ziemlich parallel mit dem Wienkanal läuft. Auf diese Weise soll in Fällen von Hochwasser der Abfluß des angeschwollenen Sammelkanals möglich werden.

„Das is mir die liabste Stranz'n, die Kuchel," wandte sich der Hausmeister an uns. „Wann nur der Stadtkoller net so gach war'. Wann der harb wird, schwemmt er uns aussa, samt unsere Tacken in d'Wean eini. Oft und oft is uns dös schon passiert. Und do muaß ana von guate Eltern sein, daß er net in dem ,Quatsch' dasauft." . .

„San a schon a paar Griasler umkommen auf dö Weis', in den Schmutz dasoff'n, der eahna Z'haus g'wesen is. . . 's Aufseg'n in der Höh' is net groß g'wes'n. ‚Angeschwemmte Leichen' is in an Zeitungsblattl g'stand'n. . . Konnten nicht agnosziert werden, hat's drinn' g'haff'n." . .

„Agnosziert! . . Daß i net lach'. All's muaß agnosziert werden. Wird d'r aner geburn, heirat er, will er sein elendig's Leben wegaschmeiss'n, er muaß agnosziert werd'n. So viel verinteressiert sich der Staat für uns. So schaut sei a n z i g e Sorg' um uns aus. Ja net amol krepiern därf ma inkognito. Ma muaß agnosziert werd'n".

Nach einigem Verweilen in der Küche kehrten wir durch die Röhre wieder in den Wienkanal zurück und gingen in der zuerst angenommenen Richtung vorwärts.

Die Turmstiege.

Im Haupt=Wienkanal.

Ein Träger auf Steinen.

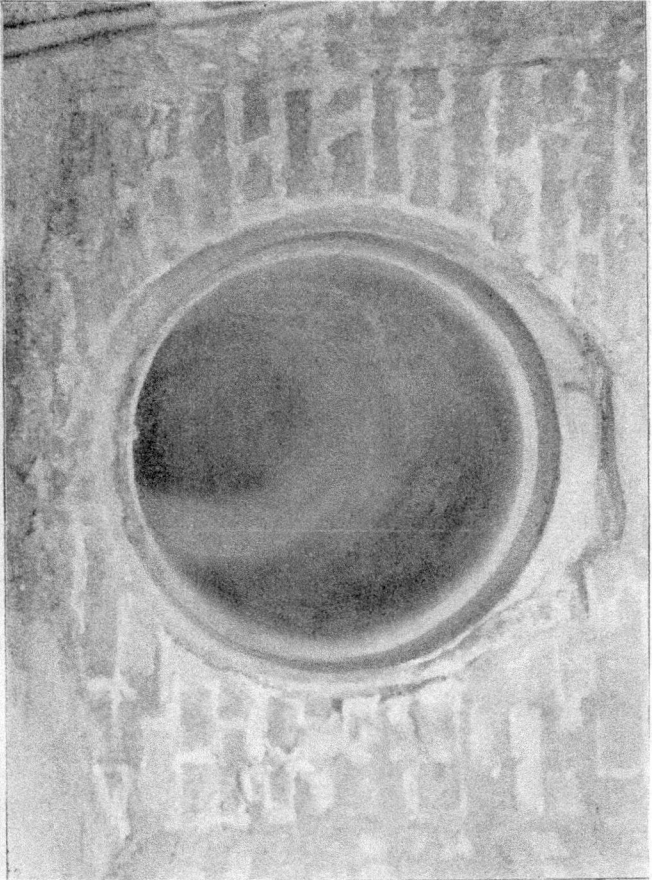

Ein „Schlauch".

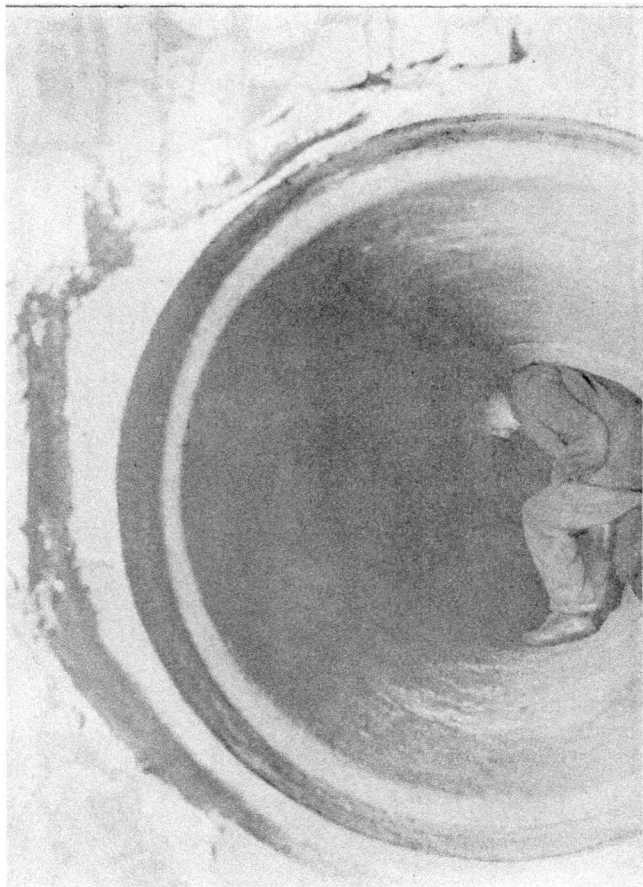

Ein Schlafender in der Kanalröhre.

Die „Kücke" im Wienkanal.

Quer durch die Wien zu den unterirdischen Quartieren.

Die „fliegenden Brücken" im Wienkanal.

Die Schleuse im Wienkanal.

Strottergänge.

„Tíchunguen." (Lager in einer Kanalkammer.)

Bewohner der „Zwingburg".

Die „Zwingburg". (Seitenansicht.)

Die „Zwingburg". (Seitenansicht.)

Nachtwache vor der Zwingburg.

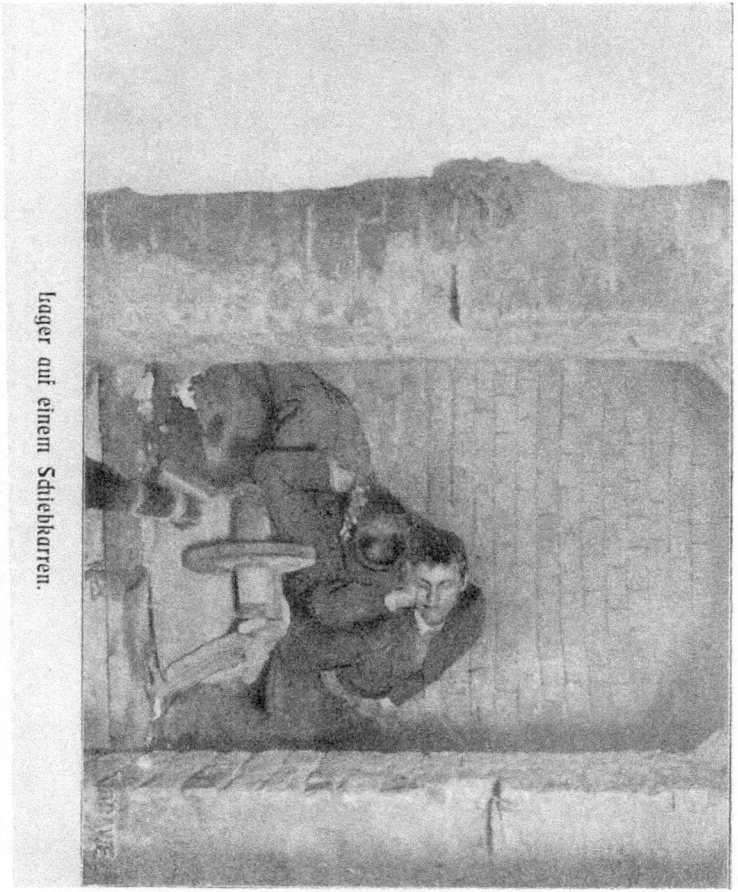

Lager auf einem Schiebkarren.

„Jetzt komm'n ma untern Getreidemarkt und rechts eini zu der fliegenden Bruck'n und der großen Schleusen, wo dö Strotter eahnere Stranzen hab'n."

Auf unserem Wege dahin, etwa unter dem Naschmarkte, sahen wir mit einemmal Lichter am gegenüberliegenden Ufer erscheinen und gleich darauf kamen zwei „Pfiffgesellen"[1]) durch das Wasser herüber, zwei stramme frische Burschen, die den Spitznamen „Schwarzer Bua" und „Krähwinkler" führen.

Sie hatten die Hosen hoch aufgestreift, trugen Schuhe und Kleider in den Händen und lugten vorsichtig nach beiden Seiten aus, während sie die Wien, die an dieser Stelle eine ziemlich starke Strömung aufweist, langsam durchwateten.

Als sie unser ansichtig wurden, stutzten sie einen Augenblick.

„Schwimmts nur umma,"[2]) rief der Hausmeister zu den Zögernden hinüber. „'s is alt."[3])

„'s is alt . . . . 's is alt . . ., gaben die Wände rollend zurück.

Die beiden Bettgeher musterten uns einige Momente scharf und kamen dann ans Ufer herüber, wo sie sich die Füße trockneten, um dann den Weg zu ihren Lagern in der sogenannten Zwingburg einzuschlagen, von der hier später die Rede sein soll.

Wir gingen weiter, bogen in einen Seitenschacht

---

[1]) Dauernd Obdachlose.
[2]) herüber.
[3]) Keine Gefahr.

und gelangten über eiserne Treppen zu den sogenannten „fliegenden Brücken".

Ein riesiger Raum mit mächtigen Wölbungen, die förmlich kunstgerecht schattiert sind. Rechts fließt der Stadtkoller, der auf der rechten Seite durch hohe Kammern mit dem Wienfluß in Verbindung steht, während er links von einer jäh abfallenden Böschung abgeschlossen wird.

Die Stiege, die hierher führt, mündet direkt in die eiserne Galerie, zu den „fliegenden Brücken", von denen der Raum auf drei Seiten begrenzt wird. Sie enden bei einer großen Schleuse, die sich bei hohem Wasserstand infolge einer sinnreichen praktischen Konstruktion selbstständig öffnet.

Der Aufenthalt auf den „fliegenden Brücken" ist verhältnismäßig erträglicher als überall sonst. Zahlreiche viereckige Schachte führen von hier aus direkt auf die Straße, wo sie durch Kanalgitter abgeschlossen sind, und vermitteln die stete Zufuhr frischer Luft.

Zu der Stiege zurückkehrend, besichtigten wir die Strottergänge, worunter die Nischen und Ecken im Aufstiege zu den „fliegenden Brücken" verstanden werden . . . Die Strotter pflegen in diesen Gängen zu nächtigen, bevor sie sich am grauenden Morgen an ihre Arbeit begeben.

Ueberall liegt hier altes Eisen in verschiedenen Formen herum und über jeden dieser Haufen sind die Namens-Initialen des Eigentümers in großer unsicherer Schrift an die Mauer gemalt.

Gleich neben diesen Gängen entdeckten wir am Rückwege ein neues Lager von Obdachlosen. Im Hintergrunde

66

eines langen, schmalen Schachtes schliefen auf einem Sand=
haufen zwei „Tschungusen".

Diese merkwürdige Bezeichnung wurde von den
„Griaslern" für Unterstandslose erfunden, die ihre Schlaf=
stätten stets wechseln und von den Wienbewohnern nicht
als Genossen aufgenommen werden. Die armen Teufel
hatten aus dem feinen Sande förmliche Polster gebildet, auf
die sie den Kopf betteten.

Das interessanteste und frequentierteste unterirdische
Quartier aber im Wienkanal ist die sogenannte Zwing=
burg, die sich unterhalb des Schwarzenbergplatzes be=
findet, und die wir bei einer unserer nächsten Wanderungen
besuchten.

„Do müaß ma über d'Wean, auf d'andere Seit'n,"
erklärte uns der Hausmeister und im Nu hatte er sich der
Schuhe entledigt, die Hosen hoch emporgestreift und ehe
wir uns noch über dieses unbequeme Abenteuer geäußert
hatten, trug er uns einzeln am Rücken durch das Wasser
des Kanals, der an dieser Stelle eine tüchtige Strom=
schnelle aufweist.

Fest und sicher setzte der Hausmeister seine muskulösen
Füße in den schmutzigen, weichen Schlamm, den Rücken
stark gewölbt, die Hände wie eiserne Klammern um die
Knie gelegt.

Es war mir eigentümlich zu Mute, als wir in der
Mitte des Kanals angekommen waren, der sich lautlos
und schwer auf uns zubewegte. Unsere Lichter glänzten auf
dem schwarzen Wasser und zeichneten darin das Bild des
Vagabunden, der wie ein verläßliches Lasttier vorwärts
stampfte. Seine munteren guten Augen, seine ernsten

energischen Lippen und diese armen ausgehöhlten Wangen, die wie Säcke herabhingen.

Am Ufer angelangt, mußten wir neuerlich durch einen hundert Meter langen Schlauch.

Es war eine furchtbar anstrengende Tour.

Es galt auf dem Bauche vorwärts zu kriechen, und erst nach vielfacher Rast kamen wir ganz erschöpft und in Schweiß gebadet am Ende der Röhre an, die in einen gleichlangen, niedrigen gewölbten Gang mündet, durch den wir jetzt hindurch mußten. Hier konnten wir wenigstens in gebückter Haltung vorwärtsschreiten und uns ein wenig erholen.

Gleich nach einer kurzen Strecke erreichten uns drei Bewohner der Zwingburg, drei „Schrobs", mit den Spitznamen „Roter", „Gurginger" und „Judenbüabl" genannt. Sie begrüßten unseren Führer mehr mit den Augen, die sich heimlich nach uns erkundigten. Sofort machte der Hausmeister ein charakteristisches Zeichen mit der Hand und nach etwa weiteren fünf Minuten standen wir endlich vor der Zwingburg selbst.

Ein kluger Kopf muß diese Oertlichkeit entdeckt haben, deren Zugang einer Dachsfalle gleicht und ihren Bewohnern vor Ueberraschungen durch die Polizei die größte Sicherheit bietet.

Wir sahen uns zuerst einer anderthalb Meter hohen Böschung gegenüber, unter welcher der Sammelkanal, der gewöhnlich ziemlich tief ist, sein Bett hat. Und gerade gegenüber dem Schacht, den wir eben verlassen hatten, erblickten wir den Eingang zu einer Kammer, den Schlafstätten der Zwingburgbewohner, vor dem ein alter Kotzen als Vorhang

68

befeftigt war. Ueber den Kanal ift ein fchmales, fchwan=
kendes Brett gelegt, das von der Böfchung zu den Schlaf=
ftätten hinüberführt.

Unternimmt nun eine polizeiliche Streifung die ftrapa=
ziöfe Tour durch die engen Röhren, in denen nur fehr
fchlanke, graziöfe Wachleute fortkommen können, dann
ziehen die Griasler das Brett hinüber und find in ihrem
Verfteck unerreichbar. Uebrigens find von der Kammer
felbft aus, die mit vielen kleinen Kanälen in Verbindung
fteht, unzählige Fluchtgelegenheiten vorhanden.

Der Grund, weshalb die Obdachlofen fich hier ver=
fchanzen, ift nicht etwa darin zu fuchen, daß die Leute die
Einziehung wegen fchwerer Verbrechen befürchten, denn es
find zumeift harmlofe Burfchen, denen lediglich die immer=
ftimmenden Vagabundenparagraphen etwas anhaben können,
aber fie wollen jene Aushebungen vermeiden, die nur
ordnungshalber erfolgen und den Aermften nicht einmal
diefen traurigen Ruheplatz gönnen. An Tagen, wo folche
Streifungen zu befürchten ftehen, find deshalb vor der
Kammer Wachpoften aufgeftellt, die den Genoffen das
Herannahen der Streifungen fignalifieren.

Die letzten Obdachlofenunterfchlüpfe im Wienkanal
fanden wir außerhalb der Umwölbung beim Stadtpark.
Wir mußten einen vor Schmutz ftarrenden Aufzugsfchacht
befteigen, in deffem Hintergrunde fich die fogenannte
„Schmittn" befindet, ein kleiner, aus Ziegeln gemauerter
gewölbter Raum, in dem während des Kanalbaues eine
Schmiede inftalliert war.

Hier fchliefen auf einem umgeftürzten Schiebkarren
zwei junge Burfchen.

In ihrem Gesichte lag der Ausdruck gierigen Verlangens nach Ruhe. Ihre Leiber rangen förmlich um ein Stückchen Platz für sich.

Und einen Schritt weiter trete ich in einen kaum meterbreiten Raum unter der eisernen Wendeltreppe, die zum Karlsturm emporführt. Hier lagen drei Menschen am Boden, in schmierige Fetzen gehüllt. Es war ein Bild, das die Phantasie eines Künstlers geschaffen haben könnte, den soziale Empörung mächtig bewegt hat.

Links einer mit wirren Augen, die planlos vor sich hinstarren. Morgen . . . übermorgen . . . ein Jahr . . . Wie lange wird er es noch tragen? Und der Körper verdirbt müßig und ungebraucht. Die Hoffnung wird allmählich verzehrt von der Trostlosigkeit, die sich dehnt, soweit er denken kann.

Und in der Mitte ein Bursch mit einem Gesicht wie eine Totenmaske. Das war nicht die Erschöpfung eines Tages, die die Nacht besiegen kann. Auf diesem Menschen lasteten die Mühsale eines verpfuschten Lebens.

Und dann ein dritter Mensch mit harten, verbissenen Zügen. Eine tödliche Gleichgültigkeit steht in ihnen. Hat er schon den Lebenswillen in sich besiegt und gibt sich, müde des Kampfes, willig der Erschöpfung hin? . . .

Erschüttert und beladen mit einem unerklärlichen Schuldgefühl trete ich den Rückweg an, kehre wieder zurück in das reiche, lebendige Leben.

Vor uns liegt der Karlsplatz.

Seine vornehme, sichere Ruhe leugnet die Fülle menschlicher Leiden, die er unter sich verbirgt.

Im Hintergrunde die Kirche ragt in das nächtige Dunkel auf. Stolz und sieghaft, als habe sie alles gehalten, was sie versprochen.

Und in meine mutlosen Zweifel ruft sie wieder ihr strenges, uraltes Versprechen: „Selig sind, die Verfolgung leiden, denn ihrer ist das Himmelreich . . ."

Schlafecke unter einer Wendeltreppe.

Der Turm am Karlsplatz.

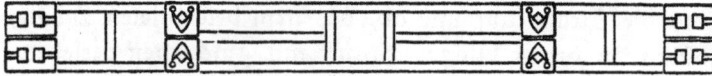

Eine Nacht im Männerheim.

Es war im vorigen Winter, da wurde es überall in den Elendsquartieren erzählt: Ein Märchen von einer himmlischen Unterkunft auf Erden. In den Suppen= und Teeanstalten, den Klubs der Unterstandslosen, raunte man sich Geschichten zu von dem neuen „Männerheim" in der Meldemannstraße in der Brigittenau, berichtete aufgeregt von seinen Wundern an Eleganz und Billigkeit. Da be= schloß ich, es auch eine Nacht dort zu versuchen.

Ich legte mir also das Kostüm eines armen Teufels zurecht, markierte die Abgerissenheit möglichst auffällig und wanderte dann abends durch die Brigittenau. Der auf= merksame Blick eines Wachmannes, der für meine „Be= denklichkeit" zeugte, machte mir solches Vergnügen, daß ich in Versuchung kam, mein polizeiwidriges Aussehen durch eine Wachebeleidigung wirksam zu ergänzen.

Mein Weg führt mich wieder durch die Wallenstein= straße, die Hauptstraße des Armeleutbezirkes. Es war etwa sechs Uhr, die Zeit, in der die Brigittenauer eine Art Korso abhalten. Heimgekehrte Arbeiter bummeln mit Weib und

73

Kind die Straße auf und ab, vor arm beleuchteten Schau-
fenstern, in denen billiger Kram, mit Inschriften versehen,
aufreizend arrangiert ist.

An den dunklen Straßenecken lehnen lichtscheue junge
Burschen. Sie sind meist in Gesellschaft von Dirnen und
sprechen halblaut und ernst. Offenbar von Geschäften.

Gegen die Dresdnerstraße zu wird es mit einemmal
einsam. Hier gibt es keine Okkasionsläden mehr, die
Straße ist dunkel und leer, und einige Schritte weiter in
den Nebengassen empfängt mich unheimliches Düster.
Die Pflasterung ist hier sehr vernachlässigt und die
Laternen so spärlich, daß man ein Gefühl der Unsicher-
heit nicht los wird. Mühsam und durch fortwährendes
Fragen gelang es mir endlich, den Weg zum Männerheim
zu finden.

„'s Männerheim suachen S'," sagte mir ein Arbeiter,
den ich um Auskunft bat, „dös neuche Palais für Volks-
betrug? Wann S' a paar Netsch ham, tragen S' ös
liaber zum Branntweiner!" Der Mann sprach mit dem
Pathos eines Versammlungsredners. Als er sah, daß ich
unbekümmert meinen Weg fortsetzte, schrie er mir nach:
„A Schwindel is' für die Grean' . . . a Schwindel!" und
machte eine wegwerfende Handbewegung.

Einige Minuten später stand ich vor dem Männerheim. Ein breit angelegter moderner Bau, der auch ohne
die Tafel, die am Portal angebracht ist und seine Be-
stimmung anzeigt, den typischen Charakter eines „Heimes"
aufweist. Eine große elektrische Bogenlampe, die über
dem Tor hängt, dient den über Hügel aufgeworfener
Erde stolpernden Leuten als Wegweiser.

Im Vergleich zu den anderen kleineren Häusern ringsum und den nackten Fabriksbauten im Hintergrund macht das Heim einen stolzen Eindruck.

Ich öffne das Tor und stehe, überrascht, in einem Vestibül, das einem guten Hotel keine Schande machen könnte. Angenehme Wärme umfängt mich, und ich denke an die freundliche Überraschung, die die Bettgeher hier empfinden müssen, wenn sie, von schwerer Arbeit heimkehrend, aus dem Froste draußen in die wohlige Behaglichkeit eintreten.

Links im Korridor befindet sich ein Schalter, an dem die Einlaßkarten gelöst werden. Ich trete an die Kasse und werde von einem jungen, sehr scharf dreinblickenden Beamten gefragt, was ich wünsche.

„An Unterstand möcht i' für a Nacht," sage ich. „I möcht's z'erscht amal probieren."

„Sie heißen?"

Ich nenne den Namen des Helden des letzten Romans, den ich gelesen habe. Der Beamte sieht mich erstaunt an. Der klingende Name will ihm offenbar nicht zu meinem schäbigen Anzug passen.

„Haben Sie einen sicheren Verdienst?" fragte er weiter.

„Jawohl," antwortete ich erfreut. „Ich verdiene nichts."

Wieder ein erstaunter Blick des Beamten, der mir jetzt gegen Erlag von dreißig Kreuzern eine Anweisung auf eine Bettstelle überreicht. Ich stelle fest, daß ich in die undefinierbare Kategorie der Hilfsarbeiter eingereiht wurde.

Ein freundlicher junger Bursche, der eine gelbe Arm=
binde mit der Aufschrift „Männerheim" trägt, nimmt
mich nun in Empfang und führt mich in den Speisesaal.
Wieder bin ich angenehm überrascht von der Eleganz
des Raumes, der von zwei Bogenlampen erhellt wird und
dessen Wände bis zur halben Höhe mit blaßgrünen
Kacheln verkleidet sind.

An langen, braun polierten Tischen sitzen hier wohl
zwanzig Personen. Am Ende des Saales befindet sich
ein Schalter, an dem Speisen zur Ausgabe kommen, die
sich jeder selbst holen muß.

Wie mir ein Bediensteter erklärt, erfolgt der Verkauf
nicht gegen Bargeld, sondern gegen Marken, die gegen
Einwurf entsprechender Nickelstücke durch drei Automaten,
und zwar zu zwei Heller, zehn und zwanzig Heller ent=
nommen werden müssen. Ich wähle nun aus der
nächst dem Schalter affichierten Speisekarte ein bescheidenes
Nachtmahl.

Die Preise sind lockend billig. Ich sah einen tüchtigen
Schweinsbraten mit Beilage vorübertragen, der laut Karte
19 Kreuzer kostet. Ein komplettes Mittagmahl ist schon
um 23 Kreuzer, Tee und Kaffee um 5 Kreuzer, eine
Suppe mit Einlage um 4 Kreuzer erhältlich.

Etwas skeptisch nahm ich, nachdem ich mir die hier
geltende Münze verschafft hatte, mein gewähltes Menu
in Empfang. Ich hatte mir einen „Russen" als Vorspeise
erkoren, dem ich „geröstete Nierndln" und einen „Halben"
Abzug nachfolgen ließ. Den Beschluß des Speiseprogramms
bildete eine Riesenportion Suppe mit einem überlebens=
großen Knödel darin. Die Speisen waren sämtliche sehr gut.

76

Nachdem ich meine Sachen erhalten hatte, nahm ich an einem der Tische rechts neben den Eingangstüren Platz, wo zwei Leute saßen, die mein Interesse erregt hatten. Der eine war mit einer Art mühsamer Eleganz gekleidet. Der Gehrock befand sich knapp vor der „Glanzzeit". Die Fasson der Stiefel, die stark abgenützt waren, wies auf eine gute Herkunft hin und aus der tadellosen Wäsche konnte man erkennen, daß man es hier mit einem „Kavalier" zu tun hatte. Der andere, anscheinend im gleichen Alter, mußte ein Agent sein. Sein Gesicht behielt stets den Ausdruck jenes stereotypen, entgegenkommenden Lächelns, mit denen Leute seines Berufes ihre Waren ausbieten.

„Gu'on A'md," sagte ich urwüchsig und nahm an dem Tisch der beiden Platz. Der Elegant sah mich einen Augenblick mit seinen trüben Augen an und erwiderte dann meinen Gruß leise und unschlüssig, während der Agent sich begnügte, mir einen keineswegs sympathischen Blick zuzuwerfen. Ich tat möglichst ungeniert und vertiefte mich anscheinend sofort in meine Mahlzeit.

Nach längerem Stillschweigen setzten die beiden ein offenbar schon vor längerer Zeit begonnenes Gespräch fort. Der Elegant sagte: „Es ist eben nichts, mein Bester. Sie reden vom Duell wie von einem Geschäft. In Sachen der Ehre wird nicht ‚gehandelt'."

Seine heisere, dünne Stimme schwoll in komischer Weise an und mir ward es bald klar, daß sich diese beiden Menschen feindselig gegenüberstanden. Sie hatten sich offenbar nur zusammengefunden, weil sie beide bessere Röcke trugen als die anderen und sich nicht unter die Arbeiter mengen wollten.

77

„Warum reden Sie vom Handeln? Der Kaufmann ist doch auch ein anständiger Mensch, der dieselben Ehrbegriffe hat wie der Offizier," antwortete der Agent in bösem Ton.

Der Elegant schüttelte mehrmals heftig den Kopf und schickte sich an, etwas zu sagen. Er trank aber nur mit einem Zug sein Glas Bier aus und stand gleich nachher auf, um ein frisches zu holen.

„Der trinkt wohl?" sagte ich möglichst devot, zu dem Agenten gewendet. „No und ob. Rum und Ehre . . ." antwortete er lachend und stolz auf diesen Witz.

Indessen hatte sich die Zahl der Gäste wesentlich vermehrt. Jeden Augenblick öffnet sich die Tür und ein Mensch in schlechtem Anzug, zumeist eine Tasche unter dem Arm, tritt ein. Den meisten dieser Leute sah man es an, daß sie unsäglich müde waren.

Der Elegant kehrte nicht mehr zurück. Er trank, am Schalter stehend, sein Bier und warf von Zeit zu Zeit verächtliche Blicke nach dem Agenten.

Ich trat nun auf eigene Faust einen Rundgang durch das Haus an. Gleich neben dem Speisesaal befindet sich ein geräumiges, sehr nett eingerichtetes Lesezimmer, das zwei Abteilungen, eine für Raucher, die andere für Nichtraucher, besitzt. Hier gibt es Tagesblätter und eine hübsche Bibliothek, die den Gästen zur Verfügung steht. Die meisten Bücher sind leichte Romane und populärwissenschaftliche Schriften. Auch Schreibtische gibt es da, auf denen sich die nötigen Requisiten vorfinden, um Korrespondenzen erledigen zu können.

Ein Bediensteter, der mein Interesse für die Einrichtungen bemerkt, nimmt sich meiner an: „Sö möcht'n

78

Ihna dö G'schicht a bissl anschau'n; alsdann kommen S'
mit mir."

Er führte mich vorerst in das Souterrain, wo sich
eine vollkommen eingerichtete Badeanstalt befindet. Die
selbständige Benützung einer Kabine kostet für Mieter des
Männerheims 25 Heller. Fußbäder, die in einigen marmornen
Mulden genommen werden können, stehen nebst Wäsche
jedem Bettgeher den ganzen Tag über kostenfrei zur Verfügung. Weiter befindet sich im Souterrain eine Kessel-
anlage zur Desinfektion, ein großer Gepäcksraum zur
Unterbringung der Habseligkeiten der Mieter und eine
Rasierstube. Im Hochparterre gibt es Garderoberäume,
ein Ankleidezimmer, eigene Putzräume, ein ärztliches Sprech-
zimmer, in dem der diensthabende Arzt unentgeltlich
ordiniert, und ein Marodenzimmer.

"No, wie g'fallt's Ihna da?" fragt mich mein Führer
lächelnd. "War' schön, wann S' das Klangeld hätten,
daß S' dableib'n könnten, was?" — "Wann i scho' a
Klangeld kriagat, möcht' i glei lieber das, was dös all's
kost't hat," antwortete ich diplomatisch. — "Sö, Schlankl;
wissen S', daß der Bau über a halbe Million Kronen
'kost'?" Er nimmt in der Erregung beide Hände zu Hilfe, um
mir die Größe der Summe begreiflich zu machen. "Und was
hat m'r davon? Nöt amol achtzig Leut' san bis jetzt
da. Dös Glumpert waß dös Heim ja gar nöt zu
schätzen. Vor a paar Täg' waren a paar Arbeiter aus
Karwin da. Zwa von dö Kerl'n san glei wieder furt-
gangen. Sö ham g'mant, es war' eahna z' fein da.
Z' rein is' eahna; sö können ohne Schmutz nöt leb'n,
das is die G'schicht!"

79

Ich kehrte nun nach meinem Rundgang in den Speisesaal zurück. Es war zehn Uhr geworden, und die meisten Leute hatten sich bereits zur Ruhe begeben. Der Elegant saß noch da. Er war allein und rauchte nachdenklich eine billige Zigarre.

Während ich unter den paar Leuten Musterung hielt, entdeckte ich am letzten Tisch, der zu unterst im Saale stand, einen malerisch zerlumpten Vagabunden. Er hatte wunderbares, wirres Haar und dunkle Augen und lehnte in trotziger Haltung breit über dem Tisch. Meine bereits gesunkene Hoffnung auf ein interessantes Erlebnis belebte sich. Rasch stand ich auf, brachte meinen Lumpenanzug durch entsprechende Haltung zur Geltung und näherte mich kollegial jenem Tisch.

„Servus, Sö erlauben,“ sagte ich keck und setzte mich breit auf die Bank, meinem Vagabunden gegenüber.

„Ich habe nichts zu erlauben,“ kam es in deklamierendem Ton zurück.

Ich horchte entzückt auf. Meine Hoffnung stieg.

„Sö ham recht,“ sagte ich, auf den Ton eingehend; „so arme Hund' wie mir . . .“ —

„Warum arm?“ erwiderte jener höhnisch und sah mich forschend von der Seite an. „Haben wir nicht Arme, um zu kämpfen? Haben wir nicht das Blut vor den anderen voraus? Und das Blut ist das Wichtigste, mein Lieber. Uebrigens lassen wir diesen besonderen Saft,“ fuhr der Mann fort. „Ich frage nicht, wer du bist, oder ob du eines Diebstahls oder Mordes fähig, aber eines muß ich wissen, bevor wir noch ein ‚Seitel‘ trinken: Welche Weltanschauung hast du?“

„Meine Meinung von der Welt hab' i mit meine guten Kleider verklopft," sagte ich.

Seine Augen glänzten. „So gefällst du mir. Jetzt erzählst du mir deine Geschichte, damit wir gute Freunde werden."

„Wissen S' was, fangen Sö z'erscht an," sagte ich, gespannt, den Lebensroman dieses originellen Kauzes zu kennen.

„Später, zuerst du," erklärte er jedoch in befehlendem Tone.

So erzählte ich denn eine Spitzbubengeschichte im Wiener Dialekt. „Herrlich, herrlich," rief mein neuer Freund jedesmal aus, und als ich fertig war, sagte er erschüttert: „Wunderbar! Mensch, ich werde Sie berühmt machen. Sie werden Geld verdienen." Und dann neigte er sich zu meinem Ohr und flüsterte mir zu:

„Jetzt kann ich es Ihnen sagen. Ich bin ja kein Vagabund, sondern Journalist, Redakteur des . . . Blattes in Krakau, und wollte in dieser Verkleidung nur Studien machen."

„Wa=a=as!" schrie ich auf und machte beinahe Miene, meinem Vagabunden an die Kehle zu fahren. Ich besann mich aber und rächte mich viel fürchterlicher, indem ich ihm sogleich auch mein Geheimnis verriet. Was blieb uns übrig, als uns traurig die Hände zu schütteln und, da es bereits elf Uhr war, uns zu unseren Schlafstellen zu begeben.

„Den Roman, den Sie erzählt haben, könnte man aber wirklich schreiben," sagte mein Kollege beim Abschied. „Werden Sie mir den Stoff überlassen?"

„Tut mir leid," antwortete ich kalt. „Conan Doyle, der ihn zu einem Roman verwendet hat, hat sich alle Rechte vorbehalten."

Ich bezog nun meine Schlafstelle Nr. 98 und muß gestehen, daß ich selbst auf dem schlechten Ruhekissen eines mit Falschmeldung beladenen Gewissens einen traumlosen, ruhigen Schlaf genoß.

Als ich die luftige Schlafkabine und bald danach auch das Männerheim verließ, traf ich beim Ausgange mit meinem polnischen Kollegen zusammen.

„Eine spaßige Geschichte!" sagte ich verbindlich.

„Ja, ja, sehr komisch," erwiderte er wütend.

„Ich habe die Ehre, Herr Kollega!"

Wir lüfteten höflich unsere defekten Hüte . . .

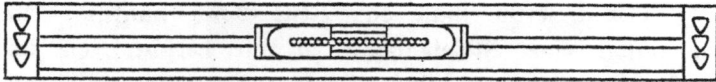

Taschendiebe.

Ein kühler Tag, der aber noch in heller Sommer=
freundlichkeit glänzt. Im Ueberrock kann man sich fast den
Juli erträumen.

Die Praterstraße zeigt ihr wenig sympathisches Feier=
tagsgesicht. In den Vorgärten dieser ewigen Cafés sind
zumeist Gruppen der zweifelhaftesten Existenzen im Sonn=
tagsrock zur Schau gestellt. Ihre markierten Gesichter ver=
raten sie, die Zeichnung ihrer Köpfe ist die Enthüllung
ihrer Vergangenheit.

Viele kleine Artisten sitzen herum, mit lügnerischer
Eleganz gekleidet, Bühnengarderobe zweiter Garnitur,
neben Mädchen mit echten Boutons und müde gelaufenen
Schuhen. Die monumentale Vornehmheit der Straße
scheint wie besudelt durch das schlechte Talmitum ihrer
Sonntagsgäste.

Es ist vier Uhr nachmittags, als mich ein
heller, blühender Tenor begrüßt: „'n Morgen, Herr
Doktor!"

83

Der Detektive hält das Rendezvous pünktlich ein und langt eine Athletenhand zu mir herüber, die ich vorsichtig erfasse. Dabei streckt er einen tüchtigen Bauch vor, der unserer Begrüßung ungemeine Herzlichkeit verleiht.

Als mich dieses Organ des öffentlichen Sicherheitsdienstes zum erstenmale auf die geschilderte Wiener Philisterart bewillkommte, fiel mir ein lustiges Bild ein: Die angelnde Justitia, die an die ausgeworfene Leine dieses überlebensgroße Stück Speck getan.

Wir stehen vor einem kleinen Café und schlendern jetzt durch die Menschenzeile, die beim Tegetthoffmonument abschneidet, im allgemeinen Bummeltempo hinab gegen den Stadtbahnviadukt. Wir wollen Taschendiebe, diese hurtigen Detailkünstler, bei der Arbeit beobachten und gehen deshalb in den Prater hinunter. Dort, wo die entbehrlichen Kreuzer rollen, sitzen auch die Börsen nicht fest. So kann der Prater auch als ihr einziges tägliches Arbeitsfeld gelten.

Anderswärts sind die Geschäftsgelegenheiten der Diebe unregelmäßig. Da bedarf es der gefälligen Sensation der Straße, die Menschen zusammenruft, atemlose, neugierige Menschen. Man kann sagen, daß der Börsenzieher von den vorfallenden Wichtigkeiten des öffentlichen Lebens einfach abhängig ist. Etwa wie der Börsenspieler. Sicher ist von dem Begräbnisse eines Prinzen bis zu dem Leichenbegängnisse eines anderen durchaus kein Geschäft zu machen. Zwischen diesen roten Tagen ergibt sich der Taschendieb irgend einem bürgerlichen Berufe.

Mein Detektive, der voll sozialer Bosheit steckte,

so gar nicht kaiserlich-königlich, eifert mich zu solchen Reflexionen an. Er zieht böse, wenn auch leider verbrauchte
Vergleiche zwischen straffälligen armen Taschendieben und
verruchten, aber anerkannten Staatsbürgern. Er zeigt einen
bemerkenswerten Sinn des Mitleids für die Gauner, die
er nun einmal verhaften muß. Natürlich, wenn er sie
kriegen kann. Das ist sein Beruf und hat mit den
Prinzipien nichts zu tun. Er gibt ungefähr an, daß
sein Leben nun einmal so sei, das ihn zum Polizisten
gemacht hat.

So gelangen wir zum Viadukt, wo ein kurzer Mensch
auf uns zutritt. Er sieht aus wie ein Arbeiter, der etwas
von seinem Wochenlohn erübrigen kann. Er greift an den
Hut und umfaßt mich blitzschnell mit einem kurzen Blick.
Dabei habe ich das Gefühl, daß er einen lückenlosen Steck-
brief meiner Wenigkeit seinem Gedächtnisse einverleibt hat.
Dann flüstert er meinem Begleiter zu:

„Zwa Ungarische san da und arbeiten damisch. Beim
Preuscher hab' ich s' verlor'n. Vielleicht san s' bei der
Tramwayhaltstell'." Er eilt an uns vorbei.

Mein Begleiter erklärt mir, daß der Mann ein
Privatdetektive ist, der auch für das Sicherheitsbureau „in
Taschendieben" arbeitet.

„Na alsdann, Herr Doktor, da gibt's ja zu tun,"
lachte er, während wir die Gasse der Blumenweiber und
den Würstelmarkt hinter dem Bahntunnel passieren.

Schon hat uns der Praterlärm vollends. Er läuft
hinaus bis auf die Praterstraße und surrt Opernouvertüren
und Gassenhauer durcheinander, Walzer und Märsche, von

Instrumenten aller Art verhunzt, klingen durcheinander und verdichten sich zu dem kreischenden Schreien: „Herrrein! . . . Hallo—o—oh! . . . Herrrein! . . . zehn Kreuzer!"

Jetzt erblicken wir den Agenten von vorhin. Er steht vor der Preuscher=Bude und winkt uns mit den Augen heran.

„Das Beste, was der Prater bietet, meine Herr= schaften! Treten Sie ein in das Reich der Mysterien der Natur. Das großartigste, das erhabenste Schauspiel des Kontinents! Und was zahlen Sie? Nur zehn Kreuzer per Person!"

Der elegant gekleidete Rekommandeur schreit nicht nach Art seiner Kollegen. In vertraulichem Halblaut und distinguiertem Hochdeutsch doziert er nur für die Nächst= stehenden. Und in einem Tone, in dem man dem Bedürf= tigen privatim einen guten Rat erteilt. Seine nachlässigen Handbewegungen sagen höflich bedauernd: „Wenn Sie es nicht einsehen, auch gut. Es ist ja nur Ihr Schade, mein Lieber . . ."

„Doktor, dös san's," fährt plötzlich der Agent auf und zieht mich nach vorne. „Dort, dö zwa. Segn's es?" Er gibt mir die Richtung an.

Ja, da stehen die zwei wirklich knapp neben dem Schaufenster, in das viele Leute gucken. Darin eine Szene: Ein alter Hausdiener, den Staubwedel in der Hand, ist auf ein Sofa gesunken. Das Gesicht zeigt den Tod in übertriebener Entstellung. Eine Uhr schlägt. Darunter steht: „Die letzte Stunde". Männchen und Weiblein bleiben stehen, die zum Tanz wollen und zum Ringeln und werden nach= denklich.

Hier stehen die Zwei mitten im Gedränge. Sie bilden eine Art Kai, durch den die Leute müssen, die sich zu dem Bilde drängen. So üben sie Kontrolle, daß keiner durchkann, der die Börse am rechten Fleck hat.

„Kommen S' näher," drängt mich der Agent, unauffällig nach den beiden Dieben sehend. Er schiebt mich vor sich her, geradeaus zwischen die Leute.

„Bitte sehr . . ., gestatten Sie," sagte er hinter dem Rücken der Leute leise, aber in einem Tone, der keinen Widerspruch kennt. Es klingt so, wie das stolze, erschreckende „Im Namen des Gesetzes", und immer wieder wenden sich rasch zwei Köpfe und in den Gesichtern steht Staunen, aber auch ergebene Willigkeit und ein halbes „Bitte!" auf den Lippen.

Nun sind wir ganz nahe bei den Dieben und können sie genau sehen. Der eine kann wohl kaum älter als Zwanzig sein. Er hat einen kleinen Kopf und trübe, schielende Augen. Seine Züge sagen gar nichts. So kann auch ein Mensch aussehen, der ein belobtes Leben geführt hat. Ein fleißiger Spezereikommis etwa. Eben steht er neben einer kleinen, alten Frau, die ein Kind an der Hand hält. Auf seinem linken Arm hängt ein Ueberzieher. Er drängt sich dicht an ihre Seite und streckt den Hals über ihre Schultern. Man müßte glauben, daß er ungeduldig und neugierig ist. Dabei sehe ich deutlich, wie er den Arm mit dem Ueberrock an den Körper der Frau anlegt.

Ich schiebe schnell einen langen Menschen zur Seite, der sich vor mir auf die Fußspitzen gestellt hat und mir die Aussicht sperrt. Und jetzt kann ichs auch sehen, wie die rechte Hand unter dem Ueberzieher herumkriecht und

87

sucht. Man kann es an den leisen Wendungen des Ellbogens erkennen.

Mein Agent steht hinter mir und flüstert: „Segn's, wie er orbat mit der linken Hand. Er scheint aber nix zu kriegen. Der durt vor ihm steht, der mit dem Girardihut, dös is sei Kompagnon. Der macht die ‚Mauer‘."

Knapp vor der Frau steht der mit vorgebeugtem Rücken. Seine Aufgabe ist es, sie festzuhalten. Sie soll festgekeilt werden, damit der andere ruhig ernten kann. —

Mein Führer hat sich allmählich bis zu ihm vorgedrängt. Jetzt beginnt seine Tätigkeit. Er muß den Dieb in flagranti erfassen. Kommt er auch nur Sekunden zu spät, kann der die Börse im Gedränge wegwerfen und der einzige Schuldbeweis fehlt. Deshalb hält der Agent die Hand schon zum Griffe bereit. Aber plötzlich läßt der Kleine von der Frau ab. Er drängt zurück und hustet. Sofort wendet sein Komplize den Kopf und weicht langsam und unauffällig zur Seite, der Frau freie Bahn lassend.

„I hab's ja g'sagt, er kann nix kriegen," flüstert mein Führer.

Ein junges Mädchen tritt an die Stelle der Frau, und sofort hemmt sie der ältere Dieb am Weiterkommen, während sich der Kleine an sie heranmacht. Aber mit resoluten Ellbogenstößen drängt sich das Fräulein vorbei und läßt die geärgerten Diebe hinter sich.

Gleich darauf kommt die Menschenmauer in Bewegung und das Publikum fluktuiert so, daß jede Arbeit der Diebe illusorisch ist.

Einige Schritte von uns entfernt bemerken wir den Privatdetektive, der jene Frau anhält. Ich sehe, wie sie ihn erschrocken ansieht und nervös in den Taschen herumsucht. Endlich zieht sie eine Börse heraus und steckt sie befriedigt ein. Mit scheuen Blicken auf die beiden Diebe, die jetzt abseits stehen, entfernt sie sich eiligst, das Kind hinter sich herziehend.

„Die Zwei hab'n Pech," sagte mir mein Begleiter. „Ich hab' schon g'laubt, sie hab'n was. Der junge scheint übrigens a Anfänger zu sein. Er traut sich no nit recht."

Und dann gehen wir hinüber zu einem kleinen Wirtshaus, wohin sich die beiden Diebe gewendet haben. Sie sprechen erregt miteinander, heftig gestikulierend. Nun treten sie in den Gasthausgarten ein und wir folgen ihnen.

Der Garten ist verhältnismäßig schütter besetzt. Es sind nur Leute der ärmsten Klasse da, die ihr Bier möglichst billig trinken wollen. Sechs Kreuzer den halben Liter. Diese Menschen sind nicht sehr vergnügt, meist still. Oft sitzen ganze Familien um ein Glas herum und trinken abwechselnd. So sitzen sie den Sonntag ab, der da ausgezeichnet ist vor allen anderen Tagen . . . .

Die beiden Diebe gehen langsam zwischen den Tischreihen hin und her. Ihre Augen laufen wie zwei rührige Agenten unter den Leuten herum. Endlich wählen sie ihren Platz bei einem Mädchen, das allein ihr Bier trinkt. Sie hat den Kopf auf einen Arm gelegt und scharrt nervös mit den Füßen im Sande.

„Zwa Abzug," sagt ein schmieriger Kellner, als ob er uns etwas zu befehlen hätte, und stellt die Gläser hin. „Macht zwölf. Danke!"

„I bitt' Sie, Doktor, schau'ns Ihna nur den Klan' an. Wie er sich anschmeißt an das Madel."

Die Kerle machten ihre Sache wirklich tüchtig. Der Aeltere rückte nahe an das Mädchen heran und griff nach ihrer Hand und spielte mit den Fingern. Es mußten galante Dinge sein, die er ihr sagte, während er seinen Kopf ihrem Gesichte immer näher brachte, denn sie lachte immer kurz auf, das eigentümliche hysterische Lachen, das wissende Mädchen für Pikanterien übrig haben.

Jetzt stand der Kleine auf und stellte sich rechts neben sie. Und indem er so tat, als wollte er sie leicht um die Mitte nehmen, rollte der Mantel wie ein Vorhang von seinem Arm herab und deckte ihren Rücken. Seine rechte Hand fuhr liebkosend über ihren Arm und schlich gleich darauf unter den Mantel.

Mein Agent springt auf und im Augenblick steht er hinter dem kleinen Dieb mit ganz gleichgültiger Miene. Er nimmt langsam eine Zigarette heraus und tut so, als wäre er nur stehen geblieben, um sie anzuzünden.

Jetzt kommt die Hand des Kleinen vorsichtig tastend hervor. Sie hält einen kleinen Gegenstand mit einem glänzenden Knopf.

Im Nu hat der Agent diese Hand gefaßt. „Sie!" Der Dieb wendet sich jäh um. „Geben's die Börse her," sagt mein Mann ruhig, einen festen Griff nehmend. „Börse? Hab' ich Börse?" stottert der Kleine sehr erschrocken, während sein Komplize aufspringt, um sich davon zu machen. Aber schon steht der Privatdetektiv hinter ihm und hält ihn fest. „Bassama,“ flucht er, sich mit aller Macht gegen die geschickten Hände des Polizisten wehrend.

In einigen Augenblicken aber haben sie sich beruhigt und der Kleine hat die Börse herausgegeben. Es sind kaum fünfzig Kreuzer darin.

Das bestohlene Mädchen ist wohl am erstauntesten. Ihr verschlafenes Gesicht, das sich plötzlich in dem Aus= drucke höchster Verwunderung verzogen hat, macht einen komischen Eindruck.

„Salutten schäbige,“ sagte sie endlich, als sie die Sachlage erkennt. Sie gibt den Agenten ihre Adresse be= kannt, zieht sich den dünnen Kragen enger und geht dann mit taumelnden, eigentümlich schlürfenden Schritten davon, die Röcke hochziehend. Nach einem Stück bleibt sie stehen, dreht sich um und macht eine Grimasse, worauf sie sich dann rasch und tänzelnd entfernt.

Die Agenten lachen. Sie haben die beiden „Burschen“, wie sie sagen, in die Mitte genommen und machen jetzt Feierabend. Sie wischen sorgfältig den Schweiß von Stirne und Hals, richten sich zurecht und stecken Zigarren an. Es ist sieben Uhr geworden, als wir beim Viadukt an= langen.

Die beiden Diebe gehen müde neben den Agenten. Der eine steckt die Hände wurstig in die Hosentaschen und flucht leise. Er hat das Seine getan, und schließlich, was läßt sich da machen? Der andere wirft nervös mit den Armen herum und macht traurige Augen.

Hinter uns glüht der Prater auf in seinen prächtigen, vielgestaltigen Lichtern.

„Weißt du, daß wir in Zwang kommen?" sagt der ältere Dieb mit unterdrückter Stimme zu dem Kleinen. Der Ton ist häßlich. Als ob er sich selber höhnen wollte: „Brüderchen, jetzt freu' dich."

Der Kleine hat leise zu weinen begonnen.

„Wann ich aussi komm' . . .", knirscht der Aeltere drohend.

Erde aber und Riesenrad drehen sich ruhig weiter . . .

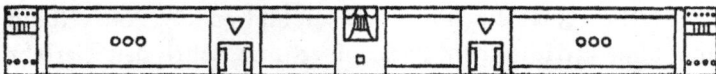

Wärmestuben.

Wochenlang habe ich nach Beendigung meiner Wanderungen im Wienkanal nach dem Kiebitz gesucht, zog vergebens Nacht für Nacht durch die kleinen Sechs-kreuzercafés, die in den alten engen Gassen der Inneren Stadt versteckt liegen. Ueberall kannte man ihn, und eine freundliche Geste sagte mir immer, welcher Beliebtheit sich dieser merkwürdige Mensch allenthalben erfreut. Aber nirgends konnte ich eine Spur von ihm entdecken.

Auch an den Hausmeister habe ich mich natürlich gewendet, aber er konnte mir nur sagen, daß der Kiebitz von Zeit zu Zeit aus rätselhaften Gründen auf einige Wochen zu verschwinden pflege. Einige Tage vorher zeige er sich mißgestimmt, hadere ohne besonderen Anlaß mit seinen Genossen und beschwöre schließlich eine heftige Szene herauf, in der er sie mit Vorwürfen und Beschim-pfungen überhäufe. Am nächsten Tage ist dann sein alt-gewohnter Platz leer und lachend sagen die Stamm-gäste des Klubs am Tiefen Graben: „Aha, der Kiebitz ist wieder auf Urlaub!"

93

Aber eines Abends ist er plötzlich wieder da. Ruhig und ohne Erklärungen erscheint er und führt den Verkehr mit den andern in derselben spöttischen Liebenswürdigkeit wieder fort.

Niemand holt ihn aus, wo er doch so lang gewesen, denn in diesen Kreisen liebt man die indiskreten Fragen nicht. Man findet sich ohne Erstaunen und Neugierde mit der Tatsache ab und freut sich höchstens über sein Wiedererscheinen.

Da blieb nichts übrig, ich mußte mich gedulden.

Zwei Wochen vergingen, bis Weber eines Abends mit der ersehnten Nachricht kam, der Kiebitz sei wieder da, und am selben Abend ging ich wieder wie früher in meinem zerlumpten Vagantenanzug hinab auf den Tiefen Graben.

Der Kiebitz grüßte mich, als hätten wir uns gestern zum letztenmale gesehen und als wäre nichts Besonderes vorgefallen.

Bald saßen wir in einer Ecke in vertraulichem Gespräche.

Er erkundigte sich über den Verlauf und den Erfolg meiner Besuche im Wienkanal und sagte dann, als er meinen Bericht aufmerksam angehört hatte, in seinem eigentümlichen, mit hochdeutschen Ausdrücken untermengten Dialekt:

„Na ja, es is halt a Sehenswürdigkeit. Wissen wenige, daß Großwien gar so groß ist. Nämlich, das g'hört a mit dazu. Was? Wias fein ausg'mauert[1]) is, dös noble

---

[1]) ausgemauert.

Griasler-Palais. Was glaub'n S'? Hat das pickfüße, goldene Wienerherz schon amal da 'nunter g'horcht . . . Aber was red' ich denn: Da drunt' gibt 's ja kan' Heurigen, und dudelt[1]) und pascht[2]) wird a net."

Und mit einemmal redete sich der Kiebitz in blinde Wut hinein. Immer heftiger wurden seine Worte, die, auch zum Teile voll ungerechter Vorwürfe, sich gar nicht bemühten, den Haß zu maskieren, dem sie entsprangen.

Ich wollte von dem Thema ablenken, aber er war nicht zu bewegen, den Gegenstand aufzugeben.

„Wissen S', da kommen Täg' . . . da packt's mi wie mit aner Faust im G'nack,[3]) . . . ganz wirrwarrisch[4]) wird's m'r . . . Jessas Marand Josef, da kann ich nimmer mit, verfluchte, elendige Stellage[5]) . . . Da kummt's m'r vur, als wia wann alle dö Kerln wahnsinnig war'n und i glaub' a, daß i krank, ganz furchtbar krank bin . . Und a Angst krieg' i, a Federn[6]), daß 's mi beutelt. Und da muaß i fort. 'raus, 'raus! Ganz verzweifelt bin i und 's is mir, als wann i mich retten müßt vor die Burschen, die mir jetzt vorkommen, als wann s' ganz toll war'n."

Mit verbissener Erregung sprach jetzt der Kiebitz. In seinen Augen funkelte Zorn, der mit dem Ausdruck qualvoller Pein wechselte.

---

[1]) eine Art wienerischen Jodelns.
[2]) im Musiktakt klatschen.
[3]) Genick.
[4]) verwirrt.
[5]) Situation.
[6]) Furcht.

Ich hütete mich, ihm zuzusprechen, denn ich fühlte, daß jeder Beschwichtigungsversuch seine aufgeflammte Verbitterung nur noch mehr anfachen würde.

So saßen wir eine Zeitlang einander wortlos gegenüber, bis er, wieder ganz ruhig, selbst von meinen Wanderungen weitersprach. Aber auch jetzt war sein Ton ganz verändert. Keine Spur von der überlegenen Laune, die ich so an ihm bewundert hatte. Nichts von dieser imponierenden Sicherheit, mit der ich ihn im Kreise seiner Schicksalsgenossen herrschen sah.

Ich brachte vor, daß ich demnächst beabsichtige, die Wärmestuben Wiens aufzusuchen und einige Nächte dort zuzubringen. Er stimmte meinem Plane bei, indem er sagte: „Ja ja, den Mumpitz müss'n S' Ihna a no anschau'n."

Wir vereinbarten die nächsten fünf Tage für unsere Exkursionen. Beim Abschiede flüsterte mir der Kiebitz in höhnischem Tone zu: „Soll'n seh'n, wie ma uns rett'!"

———————————————————

Es waren kalte Dezembernächte, die ich für meine Besuche ausgewählt hatte. Nächte, in denen die froststarre Dunkelheit wie ein Alp über den Straßen lag und die Laternen wie mit Netzen von Dunst umzogen. Es schien, als sei das Leben der Großstadt erfroren in dieser eisigen Luft, die die eiligen Menschen stumm macht . . . . . .

Zuerst wollten wir der Wärmestube in der Brigittenau einen Besuch abstatten. Wir wanderten also fast eine Stunde lang durch die Vorstadt, bis wir das Haus fanden. Ein kleines, ebenerdiges Gebäude mit einer hübschen Fassade. An der Stirnseite eine Aufschrift, die den Stifter nennt.

Das Simmeringer Ziegelwerk.

Wärmeſtube in der Erdbergſtraße. (Innenanſicht.)

Die „Kinderecke" in der Wärmeſtube.

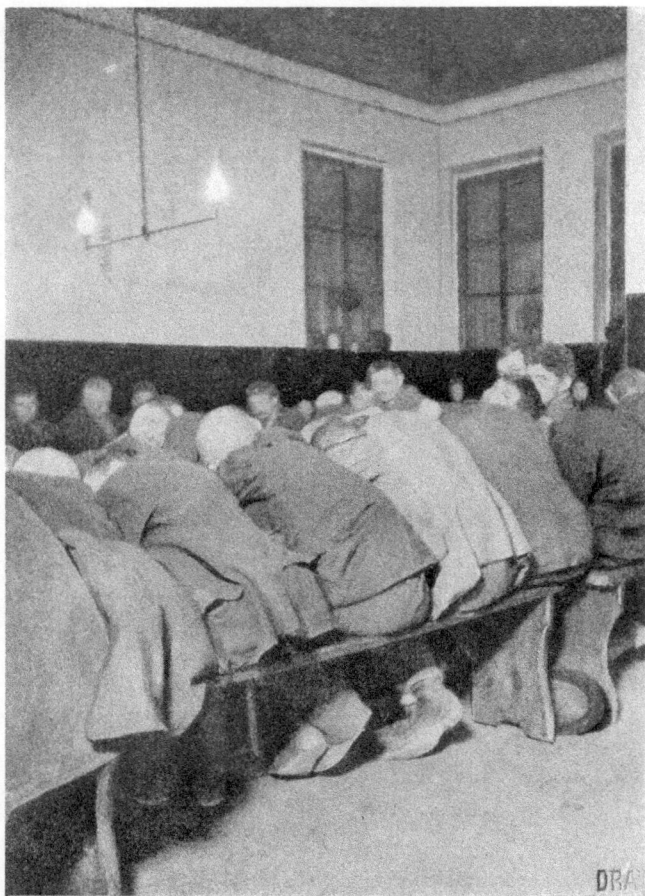

Die „Kette" in der Wärmestube in der Burghardtgasse.

Das Tor fanden wir verschlossen und zogen zaghaft an der Glocke, die mit einem schrillen Aufschrei durch die Stille klang.

Einige Minuten später drehte sich die Türe in den Angeln und eine große unförmige Gestalt, die uns aus der Dunkelheit entgegentrat, brummte:

„Wie viel seit 's denn? Drei?! . . No, eini mit enk. Aber Platz is kaner, dös sag' i enk glei."

Durch ein dunkles Tor stolperten wir nun und traten dann in einen großen, nur schwach erhellten Raum, der kreuz und quer von langen, mit Leuten dichtbesetzten Bänken durchzogen war.

Der erste Eindruck war ein Erschrecken. Der Anblick, wie die Leute hier eng aneinandergedrückt in langen Ketten beisammensaßen, daß auch für die geringste Bewegung kein Raum blieb, wie sie die Köpfe einander auf die Schultern legten, verursachte uns physische Qual und wir empfanden es kaum, als uns der Aufseher mit einigen Ellenbogenstößen so viel Raum schaffte, daß wir uns in die Reihe der zusammengepferchten Menschen ein= drängen konnten.

Der Kiebitz und ich wurden Nachbarn und der Richter fand einige Schritte von uns entfernt einen Platz.

Nach einer Weile legte auch der Kiebitz, wie die anderen, seinen Kopf auf meine Schultern und flüsterte:

„Seg'n S', dös is der neueste Fortschritt der Humanität. Jetzt kinnan S' da sitzen bei d'r Nacht. Draußt könnt'n s' sunst derfrieren und die anständigen, dö guatanzogenen Leut' dö hab'n so an unnatürlichen Tod net gern, dö fürcht'n eahna dafur, so was anz'schaun. J bitt' Jhna, Menschen in d'r Großstadt, die auf der offenen Gaff'n derfriern. Is dös gruflig und unangenehm, wann ma's zum Fruah= stuck im Murgenblatt left. Dö Hund foll'n meinetwegen an Hunger und Elend krepiern, aber bitte, . . . bitte fehr, unauffällig. So a Derhungerter oder Derfrorener auf der Gaff'n is direkt aufdringlich. Der ganze Humanitätsg'fpaß wird dabei kaput".

Ich antwortete nicht, gab vielmehr dem Kiebitz einen Wink zu fchweigen. Ich wollte diefe armen Menfchen in der ihnen fo ftiefmütterlich gefpendeten Ruhe nicht auch noch ftören.

Stundenlang faßen wir fo in diefer martervollen Lage.

Meine Arme und Beine wurden fteif und der Rücken begann mich zu fchmerzen.

Um uns herum aber war Totenftille.

Wie unter einem Banne feftgehalten, verhielten fich die Leute regungslos in dem Viereck der Bänke, fahen aus wie eine gefpenfterhafte Galerie von Toten, die jemand wie zu einem gräßlichen Spaß nebeneinandergefetzt hatte.

In der Mitte des Vierecks fpielten matte verlorene Lichter auf dem groben Holzboden und weit hinten fah ich eine hellerleuchtete Türöffnung, durch die von Zeit zu Zeit ein Wärter geräufchlos aus= und einging.

Ob die Leute fchliefen, weiß ich nicht. Nur ein leifes Aechzen oder Aufftöhnen war von Zeit zu Zeit vernehmbar.

„Ich kann nicht mehr," flüfterte ich endlich in höchfter Qual dem Kiebitz zu. „Wir müffen gehen."

„Was?" antwortete er ebenfo im Flüftertone. „Sö Undankbarer! Sö führ'n Ihna guat auf für a Guattat,

98

die ma Ihna erweist. Sö brauchen woh a Himmelbett mit blauseidene Vorhäng'. Sö glaub'n do net, daß ma uns da einilaßt, damit uns a G'fall'n g'schiecht. Aufg'hoben soll'n ma werd'n, aufg'hoben bis morg'n in da Fruah . . . damit die Straß'n ruhig bleibt. Aufg'hob'n soll ma werd'n, bis in der Fruah, daß net aner auf der Gaff'n, wann eahm dö Kält'n die Knochen bricht und eahm d'r Hunger den Mag'n z'reißt, so an feinen Herrn am kostbaren Pelzkrag'n packt und ihn anschreit: ,Du, i bin a a Mensch wia du . . . !"

Ich unterbrach den Kiebitz, der immer lauter sprach und in der gewohnten Heftigkeit loszubrechen drohte. Er machte eine abwehrende Handbewegung, stand dann zornig auf und suchte den Aufseher, damit er uns öffne.

Der Richter blieb zurück, um einige photographische Aufnahmen machen zu können und wandte sich deshalb an den Bediensteten, der dabei ganz verblüfft dreinsah.

„Wo wolln S' denn noch hin?" fragte der Aufseher den Kiebitz, als er uns die Tür aufsperrte.

„I hab' no a Nachtg'schäft," sagte er in drohendem Tone.

Nun standen wir auf der Straße. Winzig kleine harte Schneeflocken fielen in dichten Massen herab und trafen Gesicht und Hände wie Nadelstiche.

Es war bitter kalt.

Nach einigen Schritten huschten ein paar in sich zusammengeduckte Jammergestalten, zitternd vor Kälte, an uns vorüber auf das Tor zu, voll eiliger Sehnsucht, als ob sie sich von seiner Erschließung Erlösung von ihren Leiden erhofften . .

— — — — — — — — — — — — — — —

7*

Auch in der Wärmestube im zwanzigsten Bezirk habe ich eine bange Nacht zugebracht. Es war, wie überall, dieselbe Einrichtung, die gleichen Gepflogenheiten.

Hier darf nicht gesprochen, nicht geraucht werden.

Leute, die husten, sind unbeliebt. Aechzen und Schnarchen verstößt gegen die Disziplin.

So sitzen diese Menschen gepeinigt und stumm, auch hier auf nackten Holzbänken, aneinandergepreßt, die ganze Nacht, damit sie nicht erfrieren. Und eine Wassersuppe und ein Stück Brot wird ihnen gereicht, damit sie nicht verhungern! . . .

Rückwärts in der Weiberecke sah ich auch ein Asyl für Kinder. Sie genießen den Vorzug vor den Erwachsenen, auf dem Boden liegen zu dürfen. Eine Berücksichtigung, die im Jahrhundert des Kindes gewiß nicht überraschen wird.

Ich besuchte in den folgenden Nächten noch zwei Wärmestuben, aber von meinen ersten Eindrücken vermochte ich nichts zu korrigieren. Klar sah ich, daß diese Kapitel Wohlfahrtsinstitute mißglückte Versuche der Gesellschaft sind, ihrer Gewissensschulden ledig zu werden. Wie ein böses Traumbild erschienen sie mir, die unabsehbaren Gläubigerscharen, die draußen im kahlen Dunkel vor den lichten Toren unseres reichen Lebens harren, ganz geblendet von seiner äußeren Schönheit.

Man muß sie gesehen haben, wie ich sie sah: bittend mit gierigen Augen, wutverzehrt in ihrer Ohnmacht drohend, tausende und abertausende von Feinden der Gesellschaft, die unsere Barmherzigkeit erzieht.

Und das Ende?

Haß und Verzweiflung treiben sie, und mit einemmal stürzen sie sich unter uns und vollbringen Ungeheuerliches, Entsetzliches.

Und wir? Nun wir sehen die Tat mit kalten Augen und stehen baß erstaunt. Höchstens erbosen wir uns über die Verwerflichkeit, unsere bequeme Sicherheit zu gefährden und unsere schönen Einrichtungen zu verletzen.

Und dann? Mein Gott dann — amtshandelt unser fixer Ordnungsapparat und funktioniert pünktlich und akkurat und vernichtet die verruchten Störer, die unsere Gemütlichkeit bedrohen wollen und unseren Appetit zum Genuß verderben.

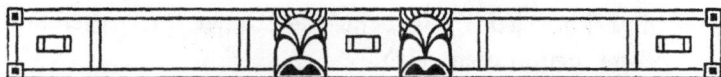

Im Ziegelofen.

Es ist wunderbar wie die Not auch aus mäßig-
begabten Menschen Originalität hervorholt. Die Angst zu
verderben versetzt sie wohl in einen Ausnahmszustand,
in dem sie über sich hinauswachsen und in diesem Fieber
des Entsetzens werfen sie willig den letzten Rest ihrer
Menschlichkeit fort und erfinden einen neuen Modus, ihr
erbärmliches Leben weiterzuschleppen.

Ein solches Asyl, das Verzweifelte erfunden haben,
sind die Lager der Obdachlosen in den Ziegelöfen rings
um ihre Feuerungen.

Um diese Unterschlupfe kennen zu lernen, unternahmen
wir in Begleitung des „Hausmeisters" mehrere Wanderungen nach einem Werke in der Nähe Wiens, das sich
wegen der Güte des Besitzers allgemeiner Beliebtheit
erfreut.

Eine unwegsame Straße führt über kleine Hügel an
vielen Holzbuden, in denen meist Arbeiter untergebracht
sind, vorüber zu dem Werke hin, das in der Nähe eines

103

großen Teiches steht, aus dem das Wasser zur Herstellung der Ziegel genommen wird.

Außer der Hauptstraße, die schon genügend Unbequemlichkeiten bietet, schlängeln sich auch zu den Trockenhäusern mit Brettern belegte Nebenwege von mehreren Seiten zu dem Ziegelofen hinauf.

Heller Mondschein lag über dem öden Terrain und warf seine zitternden Strahlen auf die unzähligen Tümpeln, die neben den Hügeln aufgewühlter Erde lagen.

Unsäglich traurig sah die Landschaft aus.

Nirgends ein Stückchen Grün, nur tote, nasse oder festgestampfte Lehmmassen und im Hintergrunde ein breiter dunkler Schatten, das Ziegelwerk, dessen Mauern schief herab in den Boden liefen und in dessen Mitte ein spitziger Schornstein viele Meter hoch aufragte in das weiße Mondlicht, wie ein ausgestreckter Finger, der aus dieser Trostlosigkeit in die versöhnende milde Helle wies.

Nach einer viertelstündigen Wanderung langten wir bei dem Werke selbst an.

Es war etwa elf Uhr nachts und wir hatten Mühe, einen Zugang zu dem Werk zu finden.

Ringsum war kein Mensch zu sehen und unser Rufen blieb lange Zeit fruchtlos.

Endlich hörten wir das Knarren eines Schiebkarrens, und ein Arbeiter, der ihn vor sich herschob, tauchte hinter einer Erdwelle auf.

„Hörst . . . du!" schrie der Hausmeister, indem er die Hände wie einen Trichter an den Mund legte.

Der Mann horchte auf und kam dann, vorsichtig

Weg zwischen den Trockenhäusern.

Das Simmeringer Ziegelwerk.

nach uns auslugend, herüber. Es war ein kleiner, starker Mensch in einem weißen Leinenkittel.

„Hörst mir san stranzenskat.[1]) Hast net a Platzl für uns? A Flins[2]) kannst hab'n für uns alle drei," sprach ihn der Weber an.

„Na ja," sagte der Mann schwerfällig, kraute sich verlegen den Kopf und sah uns einen nach dem andern forschend ins Gesicht.

„Platz war schon da, aber ob's der Oberaufseher leid't."

„Aber geh, Lahm fress'n ma net und nix Unrechts g'schicht a net," bemerkte der Hausmeister.

„Eh,[3]) aber dö Griasler san ja wie dö Wilden. A ganze Fuhr frische Ziegeln hab'n s' uns vorgestern niedertrempelt. Da is der Inspektor gach."[4])

Nach einigem Zureden und nachdem er ein Zwanzighellerstück erhalten hatte, das er sich vorerst genau besah, führte er uns über einen breit angelegten, schief emporlaufenden Holzsteg zu dem Schürraum des Ziegelofens hinauf.

Eine Holztüre öffnete sich knarrend und trockene, heiße Luft, ein glühender Atem flog uns entgegen und versengte uns fast das Gesicht.

Wir taumelten einen Moment zurück.

Ein dunkler Gang lag vor uns, an dessen Ende wir eine Funkengarbe aufsprühen sahen, in deren Mitte ein

---

[1]) Obdachlos.
[2]) Zwanzighellerstück.
[3]) Ich weiß es ohnehin.
[4]) Zornig.

105

gebückter Mann, ganz in rote Glut getaucht, stand. Er schnellte die Arme empor und gleich darauf war es wieder finster.

„Schreckts enk net, der hat nur die Röhr'n aufg'macht und nachg'legt," lachte unser Führer.

Noch ganz gebannt durch den seltsamen Anblick gingen wir ihm zögernd nach.

Wir gelangten auf einen riesigen Dachboden, den Schürraum, in dem hölzerne Balken hin und her= liefen, während die Wände entlang in Abständen von mehreren Metern mit eisernen Deckeln versehene breite Röhren senkrecht zum Feuerherde hinabführten.

Im Raume herrschte Halbdunkel. Drei große, unförmige Laternen mit rauchenden Petroleumlampen bildeten die einzige Beleuchtung.

Unser Führer hieß uns die Röcke ablegen und schob sie auf einen der Balken. Wir hatten uns auf eine hohe Temperatur gefaßt gemacht, doch von dieser Hitze kann man sich nicht leicht eine Vorstellung machen.

„Oes habt's es guat," sagte der Hausmeister, zu dem Arbeiter gewendet. „Alle Tag Dampfbad. Wie viel hat's denn da a so g'wöhnlich."

„So a fünfundvierzig Grad," war die gleichmütige Antwort. „Nur an windige Täg' is' besser. Da ziagt's a biss'l durch dö Lucken eini."

„Ja, Herr Nachbar, glaub'n S', daß mir da werd'n pfeifen können?" fragte ich kleinmütig.

„Zweg'n was denn nöt. Schöner do' als auf der Gass'n."

Während wir sprachen, war ein anderer Arbeiter

106

über irgendeine Stiege zum Schürraum heraufgekommen. Er ging von einer Röhre zur andern und warf mit einer eigenartig geformten Schaufel Haufen kleingeschlagener Kohlen in die Glut hinab, die in Flammen aufschlug, als hasche sie mit gierigen Zungen nach neuer Nahrung.

Gleich hier oben entdeckten wir in einer Ecke zwei Griasler, die hier in dieser fürchterlichen Hitze, mit Bewilligung des Oberaufsehers, ihr Lager aufgeschlagen hatten.

Sie werden hie und da zu kleinen Dienstleistungen herangezogen und genießen zum Dank dafür das Recht, hier nächtigen zu dürfen.

Der Mann, der uns hergeführt hatte, rief zu ihnen hinüber: „Karl, dö drei oba in zweit'n Gang und bei eahna bleib'n. 's san neiche!"

Behende sprang ein junger Mensch auf und forderte uns auf, ihm zu folgen. Er führte uns über mehrere Holztreppen und schob uns dann in einen Raum gleich den Schächten im Sammelkanal.

Es war eine lange, hochgewölbte Kammer, etwa zwanzig Schritte lang, mit rotbraunen Ziegelwänden, von denen Staub herabrieselte. Wohl dreißig Menschen, in Fetzen gewickelt, lagen da auf alten Matten, indem sie sich mit den Lumpen gegen die heißen Steine schützten.

Die Luft war auch hier Feueratem. Sie bebte in steter, vibrierender Bewegung. Dabei rollte es und grollte es dumpf ringsum. Alle Augenblicke erschreckte uns ein scharfer, zischender Laut, der mit klagendem Singsang aus der Tiefe kam, und die Mauern entlang ging es wie ein klopfender Pulsschlag.

Doch da half nichts, wir mußten uns wohl oder übel niederlegen. Die Wäsche klebte uns naß am Körper.

Bereitwillig brachte der Mann, der uns hergeführt hatte, zwei Säcke herbei und breitete sie am Boden aus.

„Na, dö Hitz!" bemerkte Weber zu unserem Begleiter. „Könnt's ös's denn da aushalten?"

„Wann 's uns nur imma so warm war', und trink'n tan mar a ans, bevor ma einigengan, da g'spürt ma 's net so und pfeift wia a Toter. Bös' is', wann 's am so geht, wia vorige Woch'n an, dem sei' Schal'n am Körper verbrennt wurd'n is. Aber uns macht dös nix. Ma g'wöhnt 's . . . Ma g'wöhnt all's."

„Müaßts da viel orbaten, daß herinbleibn därft's," fragte Weber weiter.

„A na, die Leut' san sehr guat da zu uns."

„Guat?!" Jemand knurrte es hinter uns, der sich bis jetzt regungslos verhalten hatte.

Ein Fetzen flog uns vor die Füße, und ein Kopf mit roten wirren Haarsträhnen wurde sichtbar. Ein kleiner verwachsener Mensch rutschte auf seinen Lumpen zu uns herüber.

Ich sah das abgemagerte Gesicht eines etwa vierzigjährigen Menschen, das einen blöden Ausdruck hatte.

„Bleib lieg'n, Gustl," sagte unser Begleiter freundlich.

„Was is . . . was?" stotterte der Mensch und hielt die Finger vor den Mund. „Gott ist gut . . . Mensch ist schlecht. Ja, hahahaha," lachte er, ein stumpfsinniges Lachen, das uns durch Mark und Bein ging.

Dann stellte er sich auf die Knie und stotterte monoton

weiter, wobei sein Gesicht bei jedem herausgestoßenen Wort in Krämpfen zuckte.

„Ofen . . . gut . . . gut, heiß, heiß . . . alle, alle Sünden verbrennen . . . O, Menschen schlecht . . .“

Er lallte wie ein Kind und wiegte seinen Oberkörper, als ob er einen körperlichen Schmerz empfinde, hin und her.

„Gustl, geh hau di hin,“ mahnte unser Führer gutmütig. Doch der Mann hatte die Hände gefaltet und murmelte in steifer Haltung unverständliche Worte.

Noch zwei Köpfe erhoben sich.

„Gustl . . . Gustl!“ rief man ohne Unwillen in teilnehmendem Tone.

In diesem Augenblicke öffnete sich über uns rasselnd eine Lucke und ein breiter feurigroter Schein fiel herab.

Der Mensch schrie auf und ließ sich vornüber fallen.

„Ahei!“ rief er gellend, von Angst geschüttelt, in abgerissenen Lauten, die sich dem gequälten Körper entrangen: „Nein . . . nein . . . nein . . . noch einen Tag . . . noch einen Tag . . . ahei . . . noch einen Tag . . . ich will noch beten . . . beten!“

Tränen rannen ihm über das zuckende Gesicht.

Nun fiel die Lucke mit metallenem Schlag herab, als ob man eine mächtige Stimmgabel erklingen ließe.

Alle saßen wir während dieser unbegreiflichen Szene, von Grauen und Staunen gepackt, da.

Jetzt erhob sich jemand aus einem Winkel und sprang unter Fluchen auf den Menschen zu, der laut ächzend auf dem Bauche lag. Er faßte ihn an einem Arm, hielt ihm den Kopf hoch und wollte ihn so am

Boden zu dem Platze hinschleifen, auf dem er früher ge=
legen war. In dem Momente aber, da er ihn berührte,
fuhr der Mann neuerlich mit gurgelndem Schreien in die
Höhe. Mit einem Ruck streckte er Arme und Beine und fiel
dann zu Boden, auf dem er sich in epileptischen Krämpfen
wand. Sein Körper überschlug sich, wühlte in der Erde,
und der Kopf polterte jeden Augenblick an die Mauer.

„Gaunerbua, elendiger!" schrie jetzt, der ihm zur Hilfe
geeilt war, gegen die Lucke gewendet, in schmerzvoller
Wut, „i dawürg 'n."

In der Tiefe der Kammer standen Leute auf. Sie
liefen auf den Kranken zu und hielten ihn nieder.

„Da pack an . . .! Die Arm hintri! 'n Kopf
halten!" riefen sie hastig durcheinander, während sein
Körper sich wellenförmig am Boden krümmte.

Gleichzeitig kam aus einem Nebenschachte mit lang=
samen Schritten ein hochgewachsener derbknochiger Mann
im Arbeiteranzug heran. Er blieb in der Nähe des am
Boden Liegenden stehen.

„Hallo! . . . I man, wem wos net recht is," sagte
er in unheilkündendem, aber ruhigem Tone. „Grod auf=
g'legt war i zu aner klan' Unterhaltung."

Alle schwiegen ohne aufzublicken, duckten sich förm=
lich unter seinen Worten.

„Wann er nur pegern[1]) tat' der Judas!"

Er trat auf den Kranken zu, der bewegungslos und
leise wimmernd dalag und stieß ihn mit dem Fuß.

***

[1]) Krepieren.

110

„Hat er an' Stern g'rissen?"[1] sagte er jetzt mit boshafter Freude, die Worte einzeln durch die Zähne stoßend. „So . . . ja so kann i di brauchen . . . G'spür's Hund . . . Jatzt rechna ma ab . . . Mögst leicht no an Blauen[2] für mei Seel'? . . . Möchst's leicht no amol verschachern . . .? Aber derweil g'hörst mei, und i wir d'r helfen, 'n Teufel austreib'n."

Der Sprecher spuckte aus, sah sich drohend um, und da ihm niemand antwortete, entfernte er sich schimpfend und bog in einen Nebengang ein.

„Was hat er denn?" fragte jetzt der Hausmeister unsern Nachbarn.

„A wos! Vazünd't hat er'n halt bei der Höh', und der Turl hat zwa Jahr obiag'n müaff'n. Na jo, war jo a a Gemeinheit, daß er'n für a paar Flins beim Koberer verwamst hat. Aber heut' is er ja a arm's krank's Luada. A jed'smal pumpert ma 's Herz, wann d'r Turl kummt. Er laßt 'n net aus. Wia der Leibhaftige is er. Und immer gacher[3] . . . immer gacher, der macht'n no amol kalt."[4]

Ich bebte vor Aufregung. Die Hitze hatte mich ganz schwach gemacht und die grotesk-schauerliche Szene gab mir den Rest. Auch der Richter stieß mich mehrmals an und flüsterte mir zu, daß er es nicht länger hier mehr ertragen könne.

Der Hausmeister verständigte sich also mit unserem

---

[1] Niedergebrochen.
[2] Die frühere Zehnguldennote.
[3] Wilder.
[4] Tötet ihn.

Führer, und nachdem er ihn auf unser Geheiß zum
Schweigen aufgefordert und ihm ein Geldstück eingehändigt
hatte enthüllte er ihm die Gründe unseres Hierseins.

Der Mann machte große Augen. Er traute offenbar
den Worten des Hausmeisters nicht, führte uns dann aber
auf demselben Wege, den wir hereingekommen waren, zu
einer Holzbude, in der wir den Oberaufseher fanden.

Eine kurze Aufklärung des Richters verwandelte
seinen anfangs barschen Ton in das liebenswürdigste Ent-
gegenkommen und er erklärte sich auf unseren Wunsch
sofort bereit, uns mit den anderen Oertlichkeiten des
Ziegelofens bekannt zu machen.

Wir besichtigten nun unter seiner Führung die
Kammern, die rings um die Feuerung laufen, in denen
die Ziegel zum Brennen aufgeschichtet sind und an deren
Eingängen sich die Obdachlosen mit Vorliebe ihr Lager
zurecht machen.

Diese Kammern sehen alle gleichartig aus, sind
schmal und hoch gewölbt.

Die Temperatur hier ist gleichfalls eine unerträglich
hohe. Nur eine derartige Kammer ist weit größer als die
übrigen und bietet im Winter ein förmliches Massenquartier für Obdachlose.

„Drei- und vierhundert Leut'," sagte uns der Auf-
seher, als wir uns entfernten, „gibt 's alle Abend im
Dezember und Jänner bei uns. Wir lassen den armen
Teufeln den Unterstand, um den sie kaner beneid'n wird.
In die andern Werk' hab'n s' zwar schon Mode g'macht,[1])

---

[1]) Aufgeräumt.

112

Der Schürraum.

Lager im Schirraum.

In den Kammern um die Feuerung.

Lager in den Kammern um die Feuerung.

da dürf'n ſ' nimma eini, b'ſonders bei die Wienerberger, wo früher a fünf= bis ſechshundert Leut' ihre Stranz'n[1]) g'habt hab'n."

Es war zwei Uhr morgens, als wir den Ziegelofen verließen.

Der Mond ſtand hinter den Wolken, die er gelbrot färbte, wie ein glühendes Auge am ſchwarzen Himmel.

Schwarz und troſtlos lagen auch die Lehmberge ringsum und es ſchien, als könnte es hier niemals Tag werden.

---

[1]) Schlafſtelle.

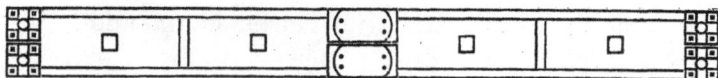

Generalien und Typen.

Nun will ich einige der Menschen, die mir auf meinen Wanderungen begegneten, für einen Augenblick aus der Tiefe aufsteigen lassen.

Sie sollen eine artige Verbeugung machen und ihre Generalien abgeben. Keine Angst bitte. Ich habe sie zu diesem Zwecke gesellschaftsfähig gemacht, alles Schreckliche und Grauenvolle von ihnen genommen und zeige sie nach dieser Zensur im Sonntagsanzug. Nicht will ich, daß Entsetzen, Angst und Ekel noch die Kluft vertiefe, die sie von uns trennt, trotzdem sie bei uns leben, so nahe, daß wir täglich wie im Nebel an ihnen vorübergehen.

Nein. Fort mit diesem Schmutz, den ein Leben in der Kloake auf sie gehäuft, daß wieder das Menschen= antlitz sichtbar werde und wir erkennen: Sie sind ja doch wie wir.

Aber mit welchem dieser Köpfe, die mich, wenn ich die Augen schließe, in wüstem Tanze umdrängen, soll ich den Reigen beginnen? Mit welchem dieser Köpfe, von

8*

denen mir jeder zuschreit: „Ich bin 's, nimm mich! Ich bin der Elendste von allen!"

Und ich möchte gern, daß die paar Menschen, die ich hier mit wenigen trockenen Daten anführe, Typen sind.

Aber es will mir nicht gelingen. Ich fühle, es ist eine Ungerechtigkeit, die Leute Typen zu nennen. Nur das Elend selbst, das auf ihnen lastet, ist typisch. Aber verschieden sind ihre Charaktere, die Abenteuer, die sie aus ihrer Bahn gebracht haben, verschieden auch ihr menschlicher Wert.

So greife ich aufs Geratewohl ein paar dieser Menschenexemplare heraus und nur den Anfang will ich machen mit einem, der meinem Herzen nahe steht: mit Josef Weber.

Ich habe in diesem Buche über Weber schon viel erzählt und erteile ihm zunächst selbst das Wort, damit er, wie er es in seinem Tagebuch tat, über seine Jugend berichte.

Meine Jugend.

„Meine Mutter war die Tochter eines Magistratsbeamten und unterhielt in den Jahren 1872 ein sechs bis sieben Jahre dauerndes Verhältnis mit einem Deutschmeistersoldaten. Sie gebar unter dieser Zeit fünf Kinder (uneheliche) mit den Namen Josefa, Josef, Adelheid, Leopoldine und Franz."

„Alle Kinder wurden in der Findelanstalt geboren, ausschließlich der Adelheid. Waren es bessere Verhältnisse oder war sie das Herzbinkerl, daß sie sich bewogen fühlte, das Kind zu Hause zu behalten, ich weiß es nicht. Sie wurde in der Brigittenau geboren."

„Weiß Gott, wie das zuging, daß die Mutter so
jäh sank. Sie benützte das Kind zu Bettelzwecken. Um
diesen Sturz einigermaßen zu begründen, muß ich gleich
anführen, daß der Vater dieser Kinder damals schon zu
einem Virtuosen im Trinken reifte. Dann später, als ich
als Sohn im Alter von zehn Jahren ihn kennen lernte,
ward er ein Phänomen — im Saufen."

„Von solch lieblichen Eltern wurde ich im vollsten
Sinne des Wortes, fast noch als Fötus, in die Welt ge=
setzt und verlassen."

„Ich kam in einen steirischen Gebirgsort, das man
Tonleiten nannte (Bezirk Hartberg), in die Kost. Mit den
sechs oder acht Gulden, die sie für mich behoben (monat=
lich), kleideten sie ihre eigenen Kinder, mich ließ man in
einem Mädchenkleide, in dem gewiß die Pflegemutter ihre
Kindheit verbrachte, einhergehen. Diese Leute waren
schließlich sehr arm und fanatisch religiös, doch geizten sie
nicht mit der Stiefmütterlichkeit, die man dem Findling
bei jeder Gelegenheit spüren läßt. Der Kontrast zwischen
mir und den anderen, eigenen Kindern reifte meinen kind=
lichen Verstand und ich sehnte mich, ohne es merken zu
lassen, nach einem liebenden Mutterherz!"

„Ich war damals klein, ich konnte noch Tränen ver=
gießen, aber ich durfte es nicht, denn jede Träne wurde
mir mit einem bäuerlichen Kopfstück getrocknet."

„Gleichgültigkeit und Haß wurden damals in mir
geboren. Ich hatte keine Seele im Dorfe, die mit mir
spielte, ich wurde von allen Kindern mehr oder minder
gemieden."

„Ich war isoliert, und wurde logisch, menschenscheu.

117

Als ich so im angehenden zehnten Lebensjahre mit Bestimmtheit erfuhr, was ich doch schon längst ahnte, daß auch mir eine eigene Mutter beschieden, hatte ich das feste Verlangen, sie zu sehen."

„Es kam der 8. März 1894, als ich das zehnte Lebensjahr vollendete. Es kam ein Herr Bruckner aus Wien, der mich dem Findelhause zurückstellte. Die Trennung war beiderseits leicht. Nur ein Findling, der bei Ortsnachbarn war, schüttelte mir zum Abschied warm die Hand."

„Mit bangem Hoffen stieg ich in die Postkutsche, die mich nur nach Aspang führte. Von dort ging es per Bahn nach Wien. Vom Findelhause wurde ich dem Magistrate überstellt und kam von dort zu einer Frau F......., Polizeiagentenswitwe, in die Kost. Der Magistratsdiener machte mich aufmerksam, daß das von nun an meine Mutter sei. Diese Frau hatte ein Kind und eine Bedienerin, zu welch letzterer ich Tante sagen sollte. Ich sagte nie Mutter, auch nannte ich die Bedienerin nie Tante. Nannte sie kurzweg Frau F....... Ich konnte ein zweitesmal nicht Mutter sagen."

„Weil sie in Fünfhaus, Schönbrunnerstraße Nr. 7 wohnte, wurde ich in die Talgasse in die Schule geschickt. Ich sprach im steirischen Gebirgsdialekt, man hänselte mich deshalb, ich war wieder der Stein des Anstoßes."

„Eines Tages, ich kam gerade aus der Schule, rannte mir ein abgehärmtes Weib entgegen mit dem Rufe: ‚Pepi! Pepi!‘ mit überstürzenden Worten: ‚Du lebst, wie ging es dir? Ich bin deine Mutter!‘ Ich hatte kein Gefühl, ich ließ mit mir alles geschehen. Sie schloß mich oft und innig in die Arme, sie weinte über ihre Sünde. O! hätte ich den Schmerz einer Mutter damals begriffen. Doch war in mir alles schon gestorben, es war zu spät, er ließ mich kalt. Sie riß sich los von mir, ging ins Spital, und starb am zweitfolgenden Tage."

„Am anderen Tage kam ein zerlumptes Mädchen, es war meine arme Schwester Adelheid. Ich lachte sie aus, als sie sagte, ich sei ihr Bruder. Die Mutter hätte es gesagt, als sie gestern im Spitale starb. Auch hätte ich einen Vater, der unten beim Haustor mich erwartete."

„Es war kindliche Neugier, ich ging auf die Straße, wo vor dem Haustor sich gerade eine stark reduzierte Jammerfigur bemühte, mit einer Spagatschnur sein herunterhängendes Schuhgelenk zu befestigen. Er summte einen vielleicht damals modernen Gassenhauer vor sich hin. Seine in allen Farben schillernde Nase sprach Worte von Enthaltsamkeit im Schnapstrinken."

„Meine Schwester stellte mich mit den Worten vor: ‚Das ist der Pepi‘!"

„Mein Vater, den das war er, ignorierte von mir den Gruß. Er sprach nur in salbungsvollem Tone: ‚Mein lieber Sohn, du siehst mir gleich (ich griff mir unwillkürlich an meinen vorspringenden Gesichtsteil), du mußt mir nachgeraten, wenn du groß bist, sollst du meine Stütze sein.‘ (Ich und meine Schwester mußten ihn schon damals mit vereinten Kräften stützen.) Doch waren wir noch zu schwach, er fiel um, zerbrach im Fallen sein Branntweinflascherl, das er keusch an seinem Busen trug. Er weinte vor Freude über das Wiedersehen oder über den Verlust des Branntweinflascherls?" — — — — —

„War schon einige Monate bei der Kostfrau. Mir ging es ziemlich gut, doch hänselte man mich fortwährend wegen meiner bäuerlichen Aussprache. Um dieser Peinlichkeit ein Ende zu bereiten, faßte ich den festen Entschluß, in meine erste Heimat zurückzukehren."

„Da ich kein Geld dazu hatte, trieb mich die Sehnsucht nach dem Altgewohnten zum erstenmale zu einer unehrlichen Handlung. Ich bestahl die Kostfrau um den Betrag von fünf Gulden und zwanzig Kreuzern, welche sie im Gewürzkastel aufzubewahren pflegte."

„Ich trat, anstatt in die Schule zu gehen, meine erste Vagantenreise nach Steiermark an. Ich kaufte mir in Meidling Mundvorrat, bestehend aus zehn Schusterlaibchen, und trug den Fünfer festgeballt in der Hand."

„Will mich kurz fassen. Ich weiß nicht, wo ich umgeirrt, langte nach einigen Tagen mit fürchterlichem Hunger in Wiener-Neustadt an. Ich getraute mir das Geld nicht zu wechseln, bis ich dort einen verlotterten Burschen traf, dem ich die Note übergab, um mir beim Bäcker Brot zu holen."

„Ich wartete lange, doch umsonst. Der Junge kam nicht, mein Hunger wurde verzehrend. Ich wendete der Stadt den Rücken und ging nach Pitten zu. Auf dem Wege traf ich ein altes Weib. Sie sah mir nach. Ich faßte mir ein Herz und sprach sie um Brot an. Sie gab mir zwei Kreuzer mit der Weisung, bei der Waldwiese liege ein Gebäcksausträger, dort soll ich mir eines kaufen."

„Hingestreckt, den Korb weit von sich stehen, schlief er den Schlaf des Gerechten. Ich nahm den Korb, ich

35jähriger „Griasler".

Ein Obdach in der Mistgrube.

Das Quartier im Handwagen.

Ein „Taxameterbärich".

hätte mich dafür erschlagen lassen — und flüchtete in den Wald."

„Aß vernünftigerweise das ganze Mürbe, band mir die Hose bei den Knöcheln ab, und ließ das ganze Gebäck in dem mir viel zu großen Beinkleid verschwinden. Ich lief, so gut es bei solch' Adjustierung möglich war, noch eine Strecke, dann fiel ich erschöpft zu Boden und schlief lange Stunden."

„War es in einem oder in einigen Tagen, langte ich in der Nähe von Mönichkirchen an. Ich saß am Straßenrande und kämpfte es mit dem Gewissen aus, ob ich umkehren oder auf diesem Pfade weiterschreiten sollte."

„Da hörte ich rücklings ein Knistern im Laube, ich sah mich um und war zu Tode erschrocken. Es war ein Gendarm. Doch war er freundlich und frug mich teilnahmsvoll, was mich bewogen von zu Hause fortzugehen."

„Als ich sagte, ich sei ein Findling, nickte er stumm und sprach mehrmals die Worte: ‚Traurig, traurig,‘ und stellte mich aufs Amt. Dort steckte man mich 14 Tage in den Kotter, wo sich verlotterte Walzgesellen befanden."

„Mit lüsternen Blicken, die ich heute der Hommerseksualität [1] zuschreibe, musterten sie mich, ich war das Opfer ihrer nächtlichen Orgien, wie es in den Arresten Usus ist."

„Ich war damals im elften Lebensjahr und ging das erstemal am Schub."

Josef Weber.

---

[1] Homosexualität.

Soweit die Aufzeichnungen des „Hausmeisters".

Die späteren Tagebuchblätter sind unzusammenhängend, bringen in wirrem Durcheinander kleine Vorfälle und behandeln sie mit einer Wichtigkeit, über die wir in unserem komfortabeln Leben, das ausgefüllt ist mit Interesse für hunderterlei Dinge, lächeln müssen. So ganz weltabgewandt sind dann seine Betrachtungen, um, wenn sie sich dem Schicksal der Genossen zuwenden, in unartikulierte Laute der Wut oder überschwengliche Worte des Erbarmens überzugehen.

Darum muß ich wohl seinen weiteren Lebenslauf selbst skizzieren.

Josef Weber also wurde zu einem Drechsler in die Lehre gebracht und arbeitete, ohne Zwischenfälle dieses Handwerk ausübend, bis zu seinem 21. Lebensjahre. Dann kam die Militärzeit und entschied über sein ferneres Leben. Denn nach der Abrüstung vermochte er trotz redlichen Bemühens keine Beschäftigung mehr zu finden. Und da geschah es, daß er aus einem arbeitsamen Menschen urplötzlich zu einem professionellen Vagabunden wurde. Nämlich bei ihm vollzog sich der Abstieg nicht so zögernd nach seelischen Kämpfen und verzweifeltem Widerstreben wie bei andern entgleisten Existenzen. Er kannte ja diesen Weg schon. Er lag glatt vor ihm und er wußte, was unten seiner harrte und wie man sich dort zurechtfindet. Darum ließ er sich wurstig hinabgleiten. Unten gab es ja auch ein Leben. Und der tägliche Kampf, der mit allem Scharfsinn geführt werden mußte, um das Lebensminimum zu erhaschen, machte ihm Spaß.

Später wurde er ihm förmlich zum Bedürfnis. Daß

der nächste Tag voll verborgenen Möglichkeiten und Gefahren vor ihm lag, daß er ihn für sich erobern mußte mit List oder Gewalt, hielt ihn in einer angenehmen Erregung.

Und die eroberten Tage wurden Jahre, verflossen rasch, und Josef Weber fand in der Obdachlosigkeit eine Heimat, fand in der Existenzlosigkeit ein Leben, das er mit keinem andern vertauschen wollte. Gesetze und Moral formte er um, paßte sie seinen außerordentlichen Verhältnissen an und schuf ein Gewohnheitsrecht der Vaganten, das er mit prachtvoller Klugheit anwendete, und das ihm, dem Bleibenden im Wechsel der immer neu zuströmenden und abfließenden Vagantenmassen, absolute Autorität verlieh.

Seit Erbauung des Wienkanales haust er unten in einem Schacht im Kreise von vier Genossen, und er rekonstruiert diese Gemeinschaft nach Bedarf wie ein Ministerium und regiert die Schlafgäste der übrigen Schächte und überwacht sie.

Er ist dieser Existenz bis heute treu geblieben und es ist interessant, daß er in dem Register der Wiener Polizei mit keiner einzigen Vorstrafe figuriert.

———————————————

Und nun zu den anderen, die ich einzeln, wie der Zufall mir meine Aufzeichnungen in die Hände spielt, hier kurz skizzieren will:

Josef M . . . . Ein Griasler im Alter von 35 Jahren, mittelgroße gedrungene Figur. Sein gutmütiger Ausdruck verrät den harmlosen Vagabunden. So oft ich ihn sah, trug er einen vom Regen verwaschenen braunen Rock und

eine offenbar aus einem Sack verfertigte Hose. Er er=
zählte es mir, und man mag es ihm auch glauben, daß
er aus unglücklicher Liebe seine Arbeit verließ — er war
Drechslergehilfe — und aus Trotz immer tiefer sank. In
seinen Augen liegt eine Art weicher Wehmut, vielleicht
auch ein bißchen Sorge und Reue darüber, daß er wegen
eines verunglückten Liebesscherzes sein Recht auf das Leben
verfallen ließ. M . . . . war einer der liebsten Freunde des
„Hausmeisters", und Weber hat ihm auch in seinen Auf=
zeichnungen mehrere Blätter gewidmet, von denen ich einige
hieher setzen will. Diese zweite Probe der schriftstellerischen
Versuche Webers zeigt seine charakteristische Art: über=
mütige Lustigkeit, die mit einem Schleier von seiner tiefen
Sentimentalität umgeben ist, dem eigentlichen Grundzuge
seines Wesens.

Josef M . . . . .

Es war Winter.

Den Kragen seines Sakkos aufgestülpt, um den Hals
ein schmutziggraues Leinen zu einem Knoten gewunden,
um das er den unteren Teil seines Hemdes beraubte. Das
Beinkleid lüftete marktschreiend das Geheimnis der Mann=
barkeit. Das linke Bein warm in einem Röhrenstiefel ge=
bettet, das rechte stiefmütterlich in einem sohlenlosen
Stiefletten, dem hartgefrorenen Boden der Mutter Erde
preisgegeben. Seine linke Hand suchte sich vergebens in dem
taschenlosen Fragment der Kleidungsstücke zu verbergen.
Die Rechte tröstend die Magengegend streichend. So ging
M . . . seinem „Pfiff", dem Massenquartiere entgegen.

Mit Blicken, die fieberhaft vor Hunger glänzten und

sich wie Dolche in den appetitlich arrangierten Auslagen der Selcherläden senkten.

Zwanzig Kreuzer, die er in einen Fetzen gewickelt und zwischen Hemd und Haut sorgfältig verbarg, bildeten sein Eigen, sein Vermögen.

Er sieht fröhliche Gesichter, die ihrem sicheren, warmen Heime entgegeneilen.

Da näherte sich ihm ein vielleicht zwölfjähriges Mädchen und sprach: „Vater, die Mutter läßt Ihnen sagen, Sie sollen nicht immer durch unsere Gassen gehen. Die Mutter schickt Ihnen das hier."

Er öffnete das Paket, in dem sich alte Semmeln, „Weckenzipfe" und Ueberbleibseln, die ein delikates, ge= wesenes Nachtmahl verrieten, befanden.

Seine Züge verzerrten sich in unaussprechlichem Haß, seine Lippen wollten sich zu einem gräßlichen Fluch öffnen, doch blieben sie stumm. Vor ihm stand ja sein Kind. Er wollte so gerne seine kleine Mizzi liebkosen, doch sie wich befremdet vor dem Vaganten zurück . . .

M . . . . schlich davon.

Er hatte im Leben noch niemandem ein Haar ge= krümmt. Daß er ein allzu weiches Herz besaß, war das seine Schuld?

Vom Hause aus eine schwächlich veranlagte Natur, wurde er der Prüfstein seiner Umgebung. Hatte jemand Lust, sich im Austeilen von Ohrfeigen zu üben, so trafen sie meistens M . . . . weiche Züge. Spielten sie nach der Schule Indianer, so wurde gerade er immer gefangen und skalpiert.

Die Jugendjahre verflossen ihm nach solchen Um-
ständen natürlich freudlos.

Er war dreißig Jahre alt, hatte sich mühsam einiges
erspart und war in einem äußeren Bezirke Wiens bei
einer hübschen Witfrau zu Bette. Sie plauderten viel
und gern.

Da er sein gemietetes Bett in der Küche stehen hatte
und Frau Maier allein in einem Doppelbette schlief, lud
sie ihn ein, es mit ihr zu teilen — wegen des Plauderns.

Sie machte sich seine angeborene Toleranz und Er-
gebenheit zunutze. Sie lernte ihm Kaffee kochen, aufbetten,
ausreiben und anderes.

Liebesbedürfnis, vielleicht ein bißchen Dankbarkeit,
knüpfte lose ein Verhältnis, aus dem eine Knospe ent-
sprang. Es war die kleine Mizzi. Doch eines Abends, als
er müde von der Fabrik heimkehrte, hatte die kleine Witfrau einen anderen in den Armen. „Franz, hol uns ein
Bier und trag die Mizzi ein wenig spazieren, mein Cousin
hat Hunger". So stellte Frau Maier ihren neuen Liebhaber vor.

Franz nahm Krug und Kind und ging mit schwerem
Herzen wie ihm geheißen. Spöttisch blickten die Nachbarn
nach ihm. Da regte sich denn doch ein bißchen Männlich-
keit. Mit einem gurgelnden Wutschrei schleuderte er das
Glas über die Treppen. Glück und Glas waren zerbrochen.

Da erwachte das Kind und fing leise zu wimmern
an. Er setzte sich auf eine Treppenstufe und weinte mit
seinem Töchterlein.

Die Nachbarn lachten.

126

Stumm stand er auf, nahm das Kind, legte es der Witfrau in die Arme, entnahm seinem Koffer die Ersparnisse und verschwand.

Die Witfrau rief lakonisch nach:

„Franz, kommen S' nicht mehr? . . . . kann ich Sie abmelden . . . ?"

Er ging und sein Leben war zerbrochen. Aus dem fleißigen Arbeiter ist aus Gram ein Griasler geworden, und wenn er im Massenquartier schlafen kann ist es ein Feiertag für ihn.   Josef Weber.

Josef Sch . . . . ., 50 Jahre alt, aus Ungarn gebürtig. Er war in einer kleinen Provinzstadt jenseits der Leitha als Schuhmacher etabliert und ging vor einigen Jahren durch schlechten Geschäftsgang zugrunde. Er wanderte aus, weil er, wie er sagt, die Schande, in der Heimat betteln zu müssen, nicht erleben wollte. Mit ein paar Kreuzern Geld kam er nach Wien. Sein einziges Vermögen war sein Werkzeug, das er mitgebracht hatte. Er fristete sein Leben anfangs dadurch, daß er sein Handwerkszeug stückweise verkaufte. Als er nichts mehr zu veräußern hatte, lebte er von den Almosen der Klöster, wo er auch jetzt noch täglicher Gast ist. Sein Obdach hat er in einem Strohschober hinter dem Schlachthaus im fünften Bezirk.

Johann Cl . . . . . ., Spitzname „Gelber". Ein junger schwächlicher, im 25. Lebensjahre stehender Mensch, von Beruf Dachdecker. Er ist seit zwei Jahren arbeitslos. Als er lange Zeit keine Beschäftigung finden konnte, lebte er mit einer Hilfsarbeiterin im gemeinschaftlichen Haushalte. Sie bestritt seinen Unterhalt und sie planten sich zu verehelichen, wenn Cl. wieder Arbeit finden sollte. Aber nach einigen Monaten ging das Verhältnis in Brüche. Das Mädchen gab dem Geliebten Geld für einen Winterrock, er aber gedachte sich nach langer Zeit wieder einen „guten Tag" anzutun und vertrank den ganzen Betrag. Darüber erbost, wollte seine „Liebe" nichts mehr von ihm wissen und er war nun vollständig mittellos, dem Elend preisgegeben. Anfangs nächtigte er in den Wärmestuben und erhielt in Spitälern Speiseabfälle, später aber etablierte er sich ein Obdach in einer Mistgrube in Erdberg. Diese Schlaf= stätte hatte er sich im letzten Winter ausfindig gemacht. Ich konnte bemerken, daß es in diesem Menschen, trotz seiner geringen Intelligenz, in der jüngsten Zeit heftig zu gären begonnen hat. Charakteristisch für seine Stimmung ist es, daß in seinem vorläufig noch kleinen Strafregister zwei Abstrafungen wegen öffentlicher Gewalttätigkeit ver= merkt sind, die er in kurzen Zwischenräumen von einigen Wochen zu verbüßen hatte.

Karl M . . . ., Tischler, aus Böhmen gebürtig. Gleichfalls seit acht Monaten arbeitslos, trägt er mit verhältnismäßiger Ruhe und mit einer Widerstandsfähig= keit, die seine Nation auszeichnet, sein Schicksal. Den ganzen Winter über lebt er fast ausschließlich von Klostersuppe und jenen Gratisportionen an Gemüse, die in einer be= stimmten Anzahl in den Suppen= und Teeanstalten zur Verteilung gelangen. Eine Zeitlang hatte er sein Nacht= lager in einem Handwagen aufgeschlagen, der zu Geschäfts= zwecken verwendet wurde und in dem großen Hofe eines alten Hauses stand, der durch einen Bretterzaun von der Straße abgegrenzt war und über den hinweg der Mann

128

Ein alter Vagabund.

Ein Plattenmitglied.

Ein Wiener Früchtel.

Ein Mitglied der Scherzerplatte.

„Das Bienensuchen."

„Leichenfleadderer" an der Arbeit.

Eine Messerrauferei. (Der Beginn.)

Eine Messerrauferei. (Der kritische Moment.)

Eine Messerrauferei. (Das Ende.)

Einbruch in einen Keller. (Beginn der „Arbeit")

Die Flucht der Einbrecher.

allabendlich in sein seltsames Bett kroch. Der Geschäfts=
wagen hat ihm nur provisorisch Unterkunft geboten. Eines
Nachts fand er ihn versperrt, offenbar auf Anordnung des
Besitzers, der diesem Nebenzwecke des Vehikels keinen
Geschmack abgewinnen konnte.

Josef A . . . . . ; 26 Jahre alt, aus St. Pölten
geboren, von Beruf Schweizer, mit dem Spitznamen
„Schlepper". Ueber die Ursachen seiner Verlotterung konnte
ich nichts Bestimmtes erfahren. Er ist ein sogenannter
„Taxameterbärsch", das ist ein Griasler, der regelmäßig
mit einem alten Blechtopf, den er irgendwo aufgelesen
hat, früh morgens und abends zu den Klöstern wandert,
um dort seine Suppe in Empfang zu nehmen. Unter dem
rechten Arme hält der Mann seine „Gerechtigkeit", wie in
der Sprache der Taxameterbärsche der Löffel bezeichnet
wird. Im Winter schläft er in Wärmestuben, im Sommer
bei schönem Wetter in der Binderau, wo er einen großen
Strohschober zum Nachtquartier sich erkoren hat. Dort spielt er
die Rolle eines Hoteliers, indem er Plätze nur gegen Bezahlung
von einigen Kreuzern anderen Vaganten überläßt. Da er
von überlegener Körperkraft ist, wird das von ihm geübte
Faustrecht allgemein respektiert. Insbesondere sind es die
sogenannten „Praterschlampen", die niedrigste Sorte der
Prostituierten, die im Wurstelprater nach Liebhabern suchen,
sich ihre Gefälligkeiten mit zehn bis zwanzig Kreuzern
bezahlen lassen und beim Morgengrauen die Gastfreund=
lichkeit des Strohschobers in Anspruch nehmen.

Florian F . . . . . . ; 33 Jahre alt, Bäckergehilfe,
aus Mähren gebürtig, hat sich frühzeitig dem Trunke
ergeben, der ihn schließlich zu jeder Arbeit untauglich

machte. Im Winter schläft er in der Wärmestube, im Sommer in einem Heuschober in Kagran.

Pepi L . . . ; 52 Jahre alter Griasler, mit dem Spitznamen „Dickhäuter", geboren in Niederösterreich. Er hat seit neun Jahren keine regelmäßige Beschäftigung und verdient nur hie und da auf Märkten und durch Hand- langerdienste auf der Straße ein paar Kreuzer.

Johann G . . . ; 30 Jahre alt, aus Ungarn ge- bürtig, von Beruf Reitbursch. Er ist ein Mitglied der „Scherzerplatte", einer jener organisierten Verbrechergesell- schaften, die sich zum Teile aus Kastelspritzern, das sind Auslagendiebe, zum Teile auch aus Leichenfledderern das sind Diebe, die im Freien auf Bänken oder im Freien überhaupt schlafende Personen ausrauben, oder wie der diebstechnische Ausdruck lautet: „o'stier'n". Der Blick dieses Menschen ist nichts weniger als vertrauenserweckend. Er scheint den Entschluß gefaßt zu haben, mit seinen Neben- menschen nicht viel Federlesens zu machen, und hat auch bereits eine hübsche Anzahl von Strafen, zumeist wegen Einbruchsdelikten.

Leopold K . . . . ; 18 Jahre alt, aus Schlesien gebürtig, von Beruf Buchbinderlehrling. Er entwich aus dem Elternhause, weil er wegen leichtsinnigen Schulden- machens Strafe befürchtete. Es ist eines jener verdorbenen Kinder, die den Eltern entlaufen und, der Schule oder der Lehrzeit überdrüssig, auf Abenteuer ausgehen. Sie wollen zumeist nach Amerika auswandern, um dort Indianer zu skalpieren, gelangen aber leider schließlich auf dem Um- wege über Bezirksgerichtsarreste ins Landesgericht.

Georg R . . ; 42 Jahre alt, in Wien geboren,

gleichfalls ein Mitglied der „Scherzerplatte". Ein Mensch, der so aussieht, als ob er in Sünden so alt geworden wäre. In Wirklichkeit aber ein gutmütiger, täppischer, armer Teufel, der sich mehr aus Solidarität an den Streifzügen seiner „Platte" beteiligt.

Nun ist mein Reigen*) geschlossen. Er ist lückenhaft, enthält nur die repräsentabelsten Existenzen. Hinter ihnen dehnen sich nicht endenwollende Massen von Menschen, die unter dem Tiere stehen, ganz versunken in der Kloake, taub und verständnislos für den Ruf, der sie ans Tageslicht locken will.

———————

*) Die zur Bilderserie dieses Kapitels gehörigen reproduzierten Photographien: „Das Bienensuchen", „Leichenfledderer an der Arbeit", „Eine Messerrauferei", „Ein Einbruch in einen Keller" sind nicht sozusagen in flagranti gemacht, sondern, mit Ausnahme des „Bienensuchens", zur Veranschaulichung der betreffenden Vorgänge, wie der technische Ausdruck lautet, gestellt worden. „Bienensuchen" nennen die Griasler ihre Morgenbeschäftigung, die darin besteht, daß sie sich auf einer Wiese vom Ungeziefer zu reinigen suchen.

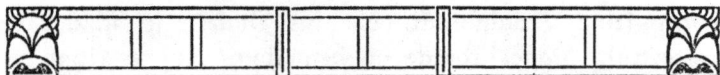

Bei der grünen Bettfrau.

Es war in den letzten Novembertagen, als sich der Kiebitz eines Abends im „Klub" am Tiefen Graben an mich wandte:

„Nun müßten Sie wohl auch der grünen Bettfrau Ihre Visite machen."

Er hatte seinen Galatag, wie er und seine Genossen es nannten, wenn er tiefernst, ohne frivole Scherze zu machen, ganz in sich gekehrt dasaß und wie er zur Feier dieser außerordentlichen Stimmung — hochdeutsch sprach. Und er tat dies auf eine ganz merkwürdige Art.

Etwa wie ein Komiker pathetisch wird, um zu zeigen, daß ihm auch tragische Akzente nicht fremd sind. Im Anfang bediente er sich denn immer des fatalen Imperfekts, beobachtete einen geschraubten Satzbau und sprach in unerträglich tadellosen Konstruktionen, die auch in Schulaufsätzen ohne rote Korrektur davonkommen hätten müssen.

Erst allmählich befreite er sich von diesem Zwange, wurde lebhaft und entwickelte auch in dieser ungewohnten

133

Form seine Originalität, die im Dialekt so schlagend hervortrat. Dabei konnte ich bemerken, daß es ihm in solchen Fällen ganz besonders darum zu tun war, in seiner Rolle recht zu glänzen.

Schon lange hatte ich es beobachtet, daß, wenn er seine Darstellungen gab, die voll satirischer Rand= bemerkungen und voll versteckter Bosheit waren und die mir, der ich aus einer anderen Welt kam, neue Menschen= schicksale offenbarten, daß er, wenn er im Mittelpunkte einer packenden Szene stand, für das Theatralische seiner Situation einen ausgesprochenen Sinn hatte. Und dann bot er alles auf, um jede mögliche Wirkung aus dieser Situation herauszuholen. Da wurde alles dramatisch zu= gespitzt, es gab Pointen, die ganze Darstellung wurde abgerundet, wohl nicht selten auch mit Zuhilfenahme seiner Phantasie, die die störenden Lücken ausfüllen mußte.

Ganz besonders sorgfältig aber sprach er, wenn er seine eigenartigen Theorien vortrug und sie weitläufig aus= spann, wobei seine Absicht deutlich wurde, daß er beachtet zu werden wünsche.

Heute war gerade wieder so ein Tag, wo er sich als „Sinnierer" gab. Deshalb war ich über seine unver= mittelt vorgebrachte Aufforderung erstaunt. An solchen Abenden pflegten wir uns immer in eine Ecke zu setzen und während er an der Zigarre zog, die ich ihm zusteckte, gab er mir Proben seiner Kritik über Menschen und Dinge.

Als er mir vorschlug, die Lager der Obdachlosen im Freien, in der Krieau und Binderau im Prater aufzusuchen, die der Volksmund im harmlosen Spott „grüne Bettfrau"

134

nennt, wendete ich ein, daß man zu so vorgeschrittener Jahreszeit wohl kaum noch Schläfer dort unten finden werde.

„O doch," erwiderte er. „Die haben ja kein so weiches Bett wie Sie in Reserve, daß sie beim ersten Frost ausreißen könnten. Wir werden gewiß noch eine ganze Menge von ihnen bei der Reichsbrücke finden. Heute wäre übrigens gerade eine geeignete Nacht zu einem solchen Ausflug."

In der Tat, draußen war es mild, einer jener wunderbaren Abende, die wie ein verirrter Sonnenstrahl mitten im Spätherbst auftauchen und die mürrischen, auf den Winter vorbereiteten Leute auf der Straße ganz außer Fassung bringen.

Ich nahm also den Vorschlag des Kiebitz an und wir marschierten, es war um 10 Uhr nachts, dem Prater zu.

Dunkel lag die Hauptallee vor uns. In ihrer Mitte der helle Streif der sorgfältig gepflegten Wege, in ihrer monumentalen Breite erwartungsvoll still und leer, ganz märchenhaft mit ihren Baumreihen, die in geraden Linien Spalier stehen.

Wir bogen quer durch die Gebüsche ein und bummelten durch den Wurstelprater.

Die Nachtluft strich mit leisem Sausen über uns hin. Die Gräser knisterten unter unseren Schritten und das Gesträuch, noch schwärzere Schatten als die Dunkelheit selbst, wiegte sich in rhythmischem Rauschen.

„Wie wundervoll es auch im Winter hier ist," bemerkte ich zu dem Kiebitz. „Rein zum Entzücken. Ganz im Grünen ist man, und es ist gar nicht das kränkliche Grün, das wir sonst immer in der Nähe von Häusern finden. Wenn man so durch das Gesträuch blickt, würde man meilenweit keine Stadt vermuten."

„Sind Sie denn ein solcher Naturfreund?" bemerkte der Kiebitz und sah mich von der Seite an.

„Gewiß, warum sollte ich nicht?"

„Ich weiß nicht, die rechten Großstadt- und Berufs- menschen, denen ist die Natur wie ein großes Sanatorium, das man bei allem Komfort nur ungern aufsucht. Man steckt die Nase in den Wald, um ein paar Züge Gesund- heit mitzunehmen. Man steigt auf die Berge, um das Schlemmerfett wegzuradern, höchstens um herabzuschauen auf die andern, die da nicht mitkommen können. Aber alle heimliche Schönheit der Natur bleibt ungenossen, wächst einsam für die paar Taugenichtse, die in dem rasselnden Kampfspektakel des Lebens versagen und flüchtig werden."

Form und Inhalt der Rede des Kiebitz verblüfften mich. Ich antwortete: „Ja, warum sollen denn die Groß- stadtmenschen keinen Natursinn haben? Gerade ihre illusionslose Tätigkeit, ihre nüchterne Arbeit löst eine Sehn- sucht bei ihnen aus, die sehr oft im Anschauen und Ge- nießen der Natur befriedigt wird."

Ich fürchtete, einen unverhältnismäßigen Ton ange- schlagen zu haben, aber der Kiebitz antwortete mir sofort schlagfertig: „Wenn man es nicht ausrechnet, würde es scheinen, als ob Sie recht hätten. Aber in den Herzen der Menschen, wie ich sie meine, kann so etwas wie Sehn- sucht gar nicht aufkommen. Dergleichen ist ihnen mit dem

Ein Lager in der Binderau.

Schlafplätze in der Binderau.

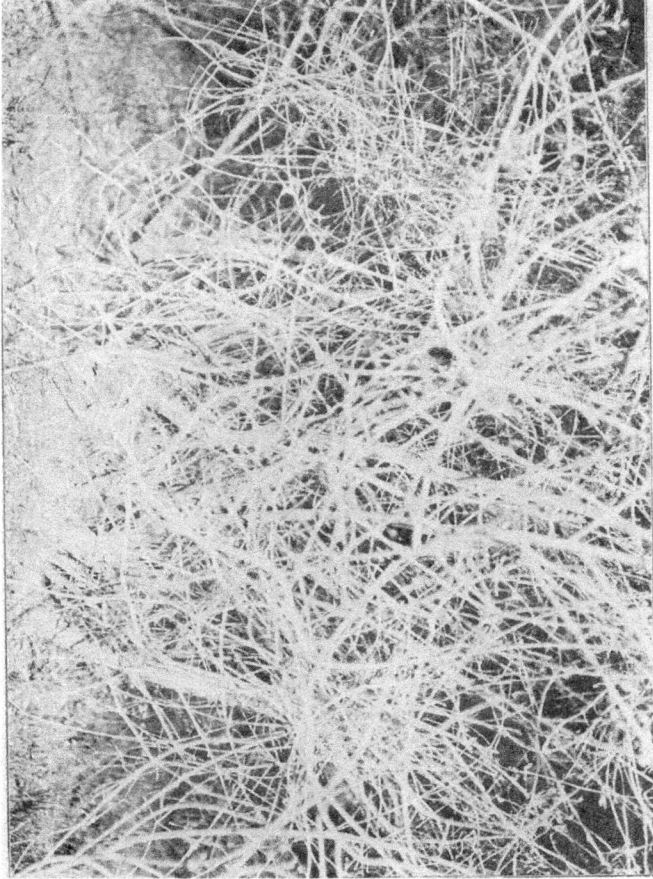

Der Verhau nädlid der Praterkaserne.

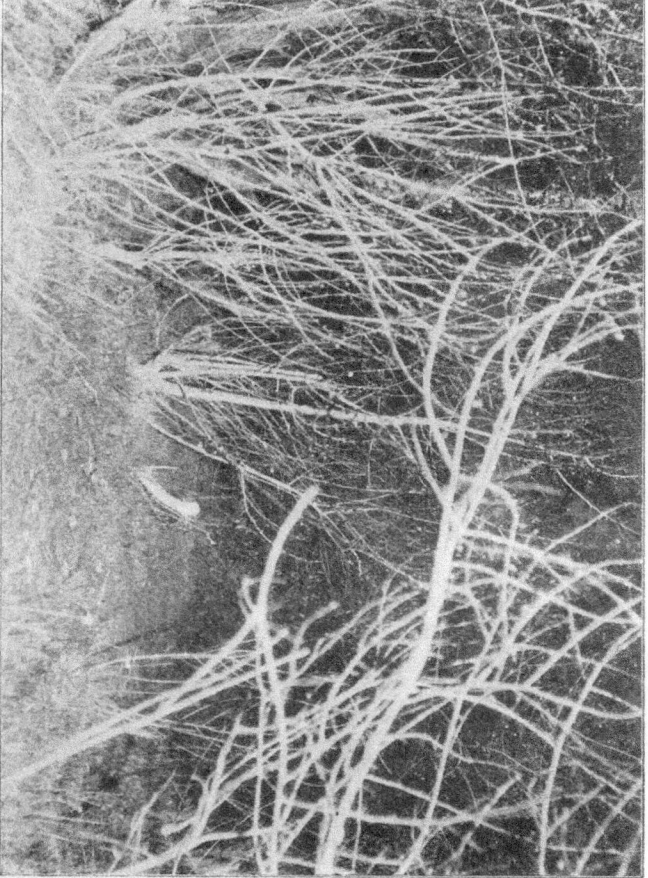

Ein geheimer Durchschlupf in den Verhau.

Drill genommen worden. Denn zuerst kommt die Erziehung und macht sie krumm, dann die engherzige Schule und hämmert an ihrer armen Seele herum und knetet an ihrem Kopf, daß er ja nur ein recht platter Bürgerschädel werde. Alle Illusionen werden zum Teufel gejagt und an Stelle aller echten und natürlichen Menschenempfindungen werden die vorgeschriebenen Gefühlswalzen gesetzt."

„Ja, Mensch, wo haben Sie denn das alles her?" fragte ich im höchsten Erstaunen.

„Aha, darauf habe ich gewartet. Nicht wahr, weil ich einen schlechten Rock habe und keine Steuer zahle, darf ich mir gar nicht die Freiheit nehmen, über Welt und Menschen eine eigene Meinung zu haben?"

Der Kiebitz sprach jetzt in erregtem Ton: „Und doch sag' ich Ihnen, aller Weisheit letzten Schluß, den finden Sie noch am ehesten bei uns unten, aus unserer Perspektive, wo man die Menschen nackt sieht und die oben, ohne interessiert zu sein, an ihrem Ringelspiel. Sie werden es vielleicht schon bemerkt haben, daß ich nicht blind bin, und was das Wissen anbetrifft? Ach Gott, studiert hab' ich genug."

„Möchten Sie mir nicht etwas aus Ihrem Leben erzählen?"

Gespannt stellte ich die Frage an ihn, denn so oft ich bisher den Versuch gemacht hatte, ihn auf dieses Thema zu führen, es war mir nicht gelungen.

„Mein Gott, was sollte ich Ihnen erzählen. Es kommt ja doch dabei nichts heraus. Durch viel Schmutz und Gemeinheit bin ich gezogen, bevor ich dorthin kam,

wo ich jetzt bin," sagte er verlegen. „Was sollte mir die
Erinnerung an gestern. Es genüge Ihnen, daß ich an
der Technik studierte, bevor ich, wie man das in Ihren
Kreisen zu sagen beliebt, Schiffbruch litt. Aber gern will
ich Ihnen von meinem Heute sprechen, von meiner jetzigen
Lebensauffassung. Es ist das ein System, das ich mir zu=
rechtgelegt habe, und das ich allen predige, die mir
lieb sind."

Der Kiebitz wurde jetzt lebhaft und sprach mit immer
größerer Leidenschaftlichkeit.

„Ich bitte Sie, nur nicht teilnehmen an diesem
elenden Lebenswerkel. Enttäuschung und Schmerzen bringt
es jedem. Ich brauche seine Freuden nicht, denn ich habe
Furcht vor seinen Leiden. Darum stehe ich zum Leben
etwa in dem Verhältnis wie ein Zuschauer zur Bühne.
Es sind keine Fäden da, die mich mit ihm verbinden.
Ich menge mich in keine fremden Schicksale ein, enthalte
mich der Freundschaft und der Liebe. Ich betätige keinen
Ehrgeiz, suche niemandes Güte und Mitleid und schließe
mich von jeder wirklichen Gemeinschaft aus. Aber dennoch
bin ich immer in der Mitte des tollsten Treibens und ich
sehe den Kampf auf dem Theater, das Steigen und
Fallen, den Schmerz und die Freude der andern, und das
größte Unglück, das mir widerfahren kann, daß mich
nämlich Langweile erfaßte, ist mir bisher fremd geblieben.
Ich sehe die Ueberfälle des Schicksals und seine Clown=
streiche mit Interesse, lasse mich wohl im Augenblick
packen und durchlebe alle Schauer und alles Vergnügen,
als ob ich ein eigenes Geschick erfahren hätte. Aber dann
gehe ich fort und schüttle den Schrecken ab, wie man eben

138

aus einem Schauspiel fortgeht, und meine Seele weiß von keinen Wunden ... Jetzt wissen Sie auch, warum man mich den Kiebitz nennt. Denn was ich eben sagte, ist mein Lebensrezept, das ich an meinen Galatagen predige. Aber man hört nicht auf mich. Zu sehr lassen sich die Leute von ihrem Blute unterjochen, stürzen sich in den Strudel. Mich hat's natürlich auch viel Ringen gekostet, bevor ich mich selbst überwunden habe. Nun bin ich so weit und ich freue mich täglich darüber."

Ich hatte den Kiebitz, während er sprach, genau beobachtet. Er war sehr ernst und sprach schließlich mit einer leichten Melancholie.

Auf eine Antwort schien er nicht zu warten. Ich schwieg denn auch und war mit Staunen über sein seltsames Wesen erfüllt. Wie er so da neben mir herging, so leicht und sicher, schien er mir wirklich ein Mensch zu sein, der mit sich und der Welt ins Reine gekommen und auf alle Möglichkeiten vorbereitet war.

„Jetzt sind wir in der Binderau," unterbrach mich nach einigen Augenblicken der Kiebitz im Sinnen.

„Da werden wir wohl bald die ersten Griasler finden."

In der Tat fanden wir bald einen Schläfer unter einem Strauch liegen. Da das Gras dünn und niedrig stand, hatte der Mann Reisig zusammengetragen und sich unter den niedrigen Zweigen so gebettet, daß sie eine natürliche Wölbung bildeten und ihm vor plötzlich eintretenden Witterungsumschlägen einen natürlichen Schutz boten.

Im Weitergehen fanden wir dann noch einzelne Schlafende, besonders bei der Praterkaserne, in deren Nähe sich ein Verhau befindet, der eine große Wiese umschließt, die im Sommer zu den frequentiertesten Schlafplätzen zählen soll. Hier hat das Gesträuch mit seinen ineinander verschlungenen Zweigen unentwirrbare Wände gebildet, durch die niemand heil durchzukommen vermag. Und ganz versteckt, nur Eingeweihten bekannt, befindet sich der Durchschlupf in diesem Verhau, der, wie mir der Kiebitz erklärt, morgen wieder künstlich verstopft wird, um an einer anderen Stelle von einem neuen Eingang ersetzt zu werden. Das geschieht, um bei polizeilichen Streifungen durch den Prater den suchenden Wachleuten die Auffindung der Schläfer zu erschweren und ihnen, die auf diese Weise nicht überrascht werden können, die Möglichkeit der Flucht offen zu lassen.

Immer tiefer wanderten wir in die Auen hinein.

Ueberall fanden wir einzeln und in Gruppen Schlafende im Gesträuch. Stunden vergingen, in denen wir nach kleinen Ruhepausen alle Winkel des Praters durchstöberten.

„Ja, und was mein Vorleben betrifft," nahm der Kiebitz wiederum unser früheres Gespräch auf. „Natürlich bedurfte es eines gewaltigen Krachs, damit ich herabfiel, um hier unten zur Besinnung zu gelangen. Sonst hätte ich wohl automatisch fortgelebt wie die anderen alle."

Der Kiebitz veränderte sein lebhaftes Wesen und sprach jetzt mit gezwungener Ruhe, wobei er jedes Wort scharf pointierte.

„Was Sie vielleicht längst ahnten, will ich Ihnen sagen: Ich habe nämlich ein Verbrechen begangen. Es

140

war kein Mord, kein Totschlag, aber wenn es der Zufall gewollt hätte, wäre es einer geworden ... Ersparen Sie mir die Schilderung. Es war das während meiner Studienzeit. Monatelang hatte ich willig gehungert. Aber eines Tages hatte ich kein Obdach und schlaflos wanderte ich Nächte lang in den Straßen herum. Denn damals waren mir die Unterschlupfe des Elends noch nicht so geläufig.

„Wissen Sie, was schlaflose Nächte sind?! Wenn Sie sich mit erschöpften Gliedern und fieberhaft erregtem Gehirn, in dem sich wahnsinnige Gedanken kreuzen, ziellos durch die Gassen schleppen? Alle bösen Instinkte sind in Ihnen aufgewühlt, drängen nach Betätigung und kennen nur ein Ziel: Veränderung dieses entsetzlichen Zustandes ... Einen Mord für ein Bett! ... O, diese schlaflosen Nächte, die obdachlos gewordene Menschen verbringen müssen, sind die wichtigsten Quellen der Verbrechen! Denn alle aufgehäufte Verzweiflung und Erbitterung nehmen so ein paar Stunden Schlaf mit sich und beim Erwachen gewinnt wieder die ruhige, nüchterne Ueberlegung die Oberhand ... Ja, wenn ich damals hätte schlafen können, nur eine einzige Nacht! ... Betten sollte man stiften, Betten, viel Betten für Obdachlose. Nicht aus Humanität, aus klarem Egoismus für die Bedrohung der Sicherheit der Gutsituierten. Betten für Obdachlose, damit sie sie nicht auf dem Umwege des Verbrechens an sich reißen. Dieses eine Recht müßte ihnen bei aller Ungerechtigkeit gewahrt bleiben: das armselige Recht auf den Schlaf.“

Mit immer mehr gesteigerter Erregung hatte der Kiebitz zu Ende gesprochen. Nun ging er schweigend neben mir.

Schon graute es.

Mit einem jähen Schwung eilte als Signal des erwachenden Tages ein fahles Licht über das Firmament, und wie im Schlafe überrascht, standen die Bäume in der feuchten Kühle, schälten sich aus der Dunkelheit, die sich in Schleiern von ihnen hob.

Die Schläfer in den Sträuchern lagen noch tief in Träumen vergraben da.

Stumm, die Blicke auf den strahlenden Sonnball gerichtet, der mit unaufhaltsamer Stetigkeit wie ein Sieger aufstieg, wanderten wir durch den Prater zur Stadt zurück, die sich mit ihrem Steinpanzer drohend gegen ihn ab= schließt.

Noch ein paar Schritte und wir traten aus dem Erwachen der Natur und dem Atem der Bäume hinein in einen anderen Morgen, der sich mit dumpfen, tausend= stimmigen Lauten träge zwischen den Häusermassen erhob.

* *
*

Einige Tage später besuchte ich auch die „Teppich= klopferei", wie in Vagantenkreisen die Obdachlosenlager in den Booten und Zillen an der Brigittenauerlände ge= nannt werden. Es sind ausrangierte Fahrzeuge, die teils übereinandergeschachtelt in Holzschuppen liegen, teils auch einzeln am Lande stehen.

Sie wurden ehemals zur Beförderung von Pflaster= steinen verwendet und sind insbesondere im Sommer der Unterschlupf von Obdachlosen.

Ihr Bau ist völlig zerborsten, die Wände morsch.

142

Bei unseren Besuchen fanden wir nur wenige Griasler vor, da das Schlafen im Freien nicht mehr sehr verlockend war.

Eine der von uns aufgefundenen Schlafstätten war besonders originell und charakteristisch. Wie eine Auster lag ein Mann in einem Kahne, rechts und links zwei Zillen halb aufgestellt, die er nur über sich zu schließen brauchte, um sich vor Unbilden der Witterung zu schützen.

143

Der Wachposten am Eingang der Heuschober-Katakomben.

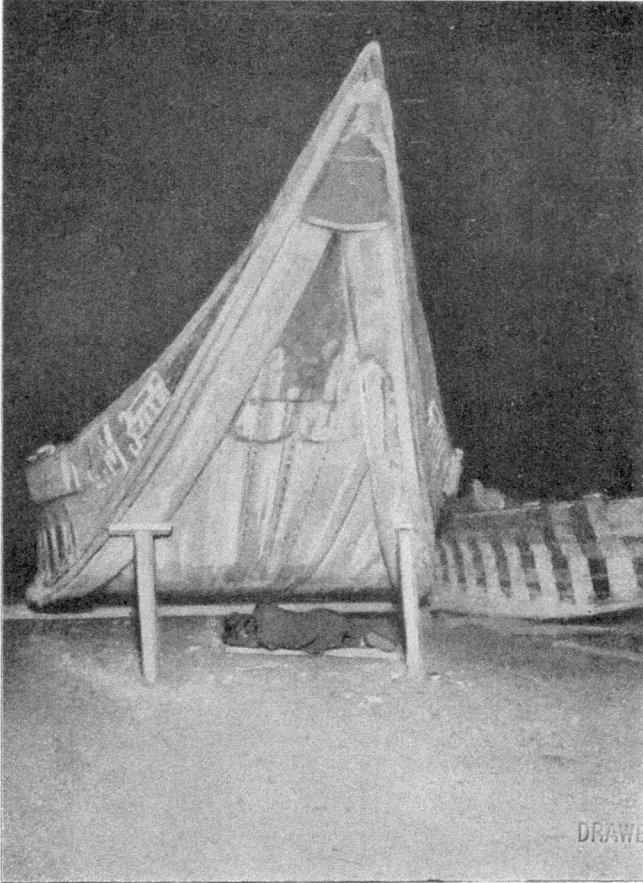

Ausrangierte Boote. (Schlafstätten der Obdachlosen im Sommer.)

Die Lager in den Booten.

Ein Lager in den Zillen.

Maſſenquartiere.

Dieſes ſind die letzten Schilderungen der Nächte, die ich unter den Elenden der Großſtadt verbracht habe.

Meinem Buche habe ich es auf die Stirne geſchrieben: Es ſind nur loſe Skizzen, juſt ein paar grelle Töne aus der Symphonie ihres Unglücks. Sind nur ein paar Griffe in den Bodenſatz unſeres Lebens.

Auch in dieſem Kapitel werde ich leidenſchaftslos nur Tatſachen auf die laufende Rechnung der Geſellſchaft ſetzen. Sie allein ſollen ihre ſtarke unwiderlegbare Sprache ſprechen. Leute, die Gewinner im Leben ſind, mögen mich immerhin ſentimental nennen, nervöſe Kulturmenſchen und Leſer, die abgehärtet gegen geſchriebene Not ſind, ſich immerhin mit Widerwillen abwenden. Ich werde dann ruhig die üble Laune der Schuldner vermerken, die ihre Verbindlichkeiten ignorieren.

Wohl waren die Vagabundenſchickſale in den letzten Jahren in der Geſellſchaft Trumpf. Daran trägt die Mode, dieſe fixe Idee der Geſellſchaft, ſchuld. Ihre Tragik

wurde in Jaufengefprächen zwischen zwei Sandwiches ge=
würdigt und erschöpft und war leider nur ein pikantes
Spielzeug. Man empfand dabei seinen eigenen warmen
Plaß im Leben doppelt zufrieden, die Nerven konnten sich
ein bißchen vergnügen.

In diesen Schilderungen will ich besonders über die
irregulären, die polizeilich nicht genehmigten, Maffen=
quartiere berichten, die in den kleinen schmutzigen Winkel=
gaffen der Leopoldstadt zu Dutzenden existieren.

Es sind Wohnungen in alten, halbverfallenen Häufern
und bestehen gewöhnlich aus drei bis vier Räumen, in
denen achtzig und oft auch mehr Personen beiderlei Ge=
schlechtes übernachten. Zum Teile sind sie in Betten unter=
gebracht, doch liegen die meisten auf umgestürzten Kisten
oder auf Fetzenwerk am Boden, ja sogar auf Fensterbrettern.

Für solche Lager sind durchschnittlich zwanzig bis
dreißig Kreuzer per Nacht zu entrichten.

In der Kleinen Schiffgaffe befinden sich zwei solche
Häufer, in denen fast jedes Stockwerk mehrere solcher Quar=
tiere beherbergt.

Das eine ist ein uraltes, einstöckiges Gebäude.

Wir müffen über ausgetretene Stufen schmaler und
unsicherer Treppen und stehen dann vor einer zerborstenen
kleinen Holztür, durch die schwaches, dunstverhülltes Licht
dringt.

Eintretend empfängt uns schwere, dicke Luft.

Gerüche alter Eßwaren, der trockene Hauch modern=
den Tuchzeuges, schlechter Rauch, mit dem die Luft be=
lastet ist, und die furchtbaren menschlichen Ausdünstungen

verbinden sich zu einem Ensemble, das den Lungen Gewalt antut.

Wir stehen in einem etwa kabinettgroßen Raum, der offenbar ursprünglich Küche war, und neben drei Bettgehern auch der vierköpfigen Familie des Wohnungsgebers Schlafstätten bietet.

Hier ist jedes Stückchen Raum raffiniert ausgebeutet.

An den Wänden hängen übereinander Lumpen, Tücher, Geschirr, Körbe. Auf einem staubigen Kasten sahen wir einen halben Hering und zwei Erdäpfel in Schalen liegen, die Ueberreste einer Mahlzeit.

Als wir eintraten, feilschte eben das Weib des Quartiergebers mit einem etwa fünfunddreißigjährigen betrunkenen Menschen, der vor ihr hin= und hertaumelte und ihr wie unversehens von Zeit zu Zeit einen Hieb in den Rücken versetzte.

Die eine Hälfte seines Gesichtes war mit Kot bespritzt und von seiner Stirne träufelte ab und zu ein Blutstropfen herab. Er mußte auf der Straße gestürzt sein.

„Bluatsaugerin,“ lallte er mit heiserer Bierstimme, „dreiß'g Kreuzer für den Pfiff[1]⁾ .. Aha, da is die Unterhaltung a dabei mit de g'spaßig'n Viecherln . . . . Warum . . . warum dreiß'g Kreuzer?“ sprach er nachdenklich vor sich hin. „I hab' nur . . . i hab' nur zwanz'g Kreuzer . . . nur zwanz'g, du Schlampen, da hast zwanz'g Kreuzer, nimm den Zwanz'ger, no nimm's.“

In allen Tonarten, mit flehentlich erstickter Stimme,

---

[1]⁾ Schlaf.

mit Wut und Kreischen versuchte er fortgesetzt, dem Weibe das Geld in die Hand zu drücken.

Das Weib aber nahm von diesen Bemühungen keine Notiz. Sie keifte, während sich ihr ganzer Körper vor Erregung hin und her warf.

Konvulsivisch krampften sich ihre Hände zusammen, während böse Worte in toller Flucht über ihre Lippen kollerten, ein zorniges, unverständliches Kauderwelsch, in dem nur die gemeinen Schimpfworte erkennbar waren, die jeden Augenblick zischend aus ihrem Munde schossen, dem müden Menschen in's Gesicht.

Hätte in ihren Augen nicht helle Wut geflammt, man hätte nach ihrem winselnden, kläglichen Ton urteilen müssen, sie betteln um ihr schmutziges, elendes Leben.

In Wirklichkeit aber waren nur zehn Kreuzer auf dem Spiel . .

„Die Kanaille hat an Gach'n",[1] sagte der Betrunkene in verlegenem Ton, langte schwerfällig und langsam noch ein Nickelstück aus dem Sack und übergab es dem noch immer schimpfenden Weibe. Dann ging er brummend mit schlürfenden Schritten in das Nebenzimmer und warf sich auf ein Lager auf der Erde.

In diesem Raume, der von Bettgehern überfüllt war, lag links in einem Bette ein älterer Mensch und ein blutjunges Mädchen. Aus der fremden Höflichkeit, mit der sie miteinander sprachen, konnte man schließen, daß der Zufall ihre nahe Bekanntschaft vermittelt hatte.

In einer anderen Ecke waren auf einem quer gelegten

---

[1] Zorn.

Brette zwei Kinder untergebracht, die völlig entkleidet und in Fetzen gehüllt waren.

Am nächsten Tage besichtigten wir die drei Höfe des Nachtasyls, die in ihrer alten Bauart mit ihren eingesunkenen, abgebröckelten Mauern sehr romantisch aussehen.

Heillose Zustände fanden wir in zwei Massenquartieren in der Haidgasse. Das betreffende Haus, das in den unteren Stockwerken ziemlich gepflegt ist, zeigt im dritten Stock, wo sich am Ende eines langen Ganges ein Massenquartier befindet, eine furchtbare Verwahrlosung.

In der aus einem winzigen Vorraum und einem niedrigen Zimmer bestehenden Wohnung nächtigen durchschnittlich f ü n f z i g Personen. Hier gibt es nicht die geringste Einrichtung.

Nur in einer Ecke sind Tücher und Fetzen und Fragmente ehemaligen Bettzeuges aufgestapelt, die nachts auf den Boden ausgebreitet werden, und auf denen die Leute kreuz und quer herumliegen.

Das andere Quartier besteht gleichfalls aus Zimmer und Küche, die jedoch weit geräumiger sind. Ueberdies führt aus der Küche, in der etwa zehn Personen zu nächtigen pflegen, eine Holztreppe auf den Dachboden, der gleichfalls zu Schlafzwecken herangezogen wird.

Die Besitzerin dieser Wohnung, in der durchschnittlich vierzig Personen Unterkunft finden, ist eine Witwe, die in der Saison, das heißt im strengen Winter, ausgezeichnete Geschäfte macht, da jede Person dreißig Kreuzer Schlafgeld zu bezahlen hat.

Ganz besonders charakteristisch für die Verhältnisse in den Massenquartieren war hier eine Ecke, in der irgend=

149

ein Mensch auf einer zum Bett umgewandelten Kiste schlief und die wie eine Idylle aus diesem traurigen Leben anmutete.

Sehr überrascht waren wir von dem Aussehen eines Massenquartieres im Nebenhause, das sich verhältnismäßig reinlich und ordentlich präsentierte und den Ruf des elegantesten Quartiers dieser Sorte genießt. Hier sind die Schlafgäste, deren Zahl nur zehn beträgt, ziemlich permanent und hat jeder sein Bett oder doch eine Ottomane.

Einen kurzen Besuch statteten wir auch einem regulären Massenquartiere ab, das sich in der Hofenedergasse befindet. In einem hinlänglich großen Saale stehen hier dreißig Betten in entsprechenden Abständen, die einfach, aber reinlich ausgestattet sind. Das Schlafgeld ist ebenso hoch als in den irregulären Quartieren, doch finden hier nur bevorzugte Leute Aufnahme. Das Quartier steht unter der Kontrolle eines schneidigen Aufsehers, der die ganze Nacht über Dienst zu versehen hat.

— — — — — — — — — —

Nun, da ich in kurzen Besuchen einige dieser Asyle kennen gelernt hatte, beschloß ich, in einem der Quartiere mehrere Tage zu verbringen, um mir auch von seinen Bewohnern eine Vorstellung machen zu können. Ich wählte zu diesem Zwecke ein Haus in der Floßgasse, von dem man mir sagte, daß seine sämtlichen Wohnungen Massenquartiere sind und daß eines von ihnen, das im Parterre liegt und seinen Eingang direkt von der Straße aus hat, oft über hundert Personen beherbergen solle.

In diesem Asyl wollte ich mich einquartieren.

Einer der Mieter, den ich früher kennen lernte, machte mich aufmerksam, daß die Leute, um hier nächtigen zu können, oft drei bis vier Tage nicht schlafen und auf den Straßen herumirren, um so die nötige Bettschwere zu erlangen, die sie gegen die furchtbare Ungezieferplage und die unerträgliche Atmosphäre unempfindlich machen muß.

Es war Mitte Dezember, als ich eines Abends in diesem Hause um ein Nachtlager vorsprach. Ich wurde in einer dunklen Küche von einem buckligen alten Mann mit einem würdigen weißen Bart empfangen, der mir mißtrauisch begegnete.

„Such'n S' a Quartier?" fragte er mich endlich in einem durch Leopoldstädter Jargon beeinträchtigten Wienerisch, obwohl ihm der Grund meines Erscheinens vom ersten Augenblick an klar sein mußte.

„Wollen Sie a Bett allan?"

„Wann's geht," antwortete ich und war, da ich ja die Verhältnisse in diesem Quartiere kannte, über diese Frage, die sonst sonderbar erscheinen mußte, keineswegs erstaunt.

„Dreißig Kreuzer kost' die Nacht, und wenn Sie sich werd'n waschen wollen in der Früh, drei Kreuzer für a Handtuch und a Saf," schloß er seine Auskünfte. „Und dann mach' ich Ihna noch aufmerksam, wenn Sie vielleicht haben zu tun mit der Polizei, gehn Sie lieber gleich weg, sonst werd'n Sie da nicht alt werden."

Diese letzte Ermahnung war mit fast väterlicher Freundlichkeit vorgebracht.

Ich beruhigte den Besorgten so ungezwungen als möglich, worauf er mich aus der Küche, deren einziges

151

Bett der Familie des Eigentümers als Schlafstelle dient, und außer dem Herde und an der Decke hängenden Fetzen keinerlei Einrichtung aufwies, in ein Kabinett. Dort saßen auf einem Bett ein Mann und eine Frauensperson in der Dunkelheit und tuschelten. Bei unserem Eintritt fuhren sie erschrocken auseinander.

Wir gingen dann durch einen schmalen Gang und gelangten schließlich zu dem eigentlichen Quartier, einem großen Zimmer, wo auf mehreren nebeneinander ausgebreiteten Strohsäcken etwa fünfzehn Personen auf dem Boden lagen, während ringsum an den Wänden mehrere Betten aneinandergeschoben waren, die zu zweien und dreien Männer und Frauen beherbergten.

Im Halbdunkel — eine Küchenlampe, die hoch oben in einer Ecke des Raumes brannte, war die einzige Beleuchtung — konnte ich keinen einzigen der Menschen genau sehen.

Lebhaftes Gespräch herrschte, als wir eingetreten waren. Man sprach laut und rief sich gegenseitig an.

Der Wirt stieg über die am Boden Liegenden hinweg und trat an eines der Betten heran, in dem zwei Personen lagen.

Näher tretend, sah ich eine an die Wand gedrückte, vollständig angekleidete Frauensperson und neben ihr einen ausgekleideten älteren, breitschultrigen Mann, der ihr zugewendet dalag. Die beiden schliefen anscheinend.

Der Quartierbesitzer faßte den Mann bei der Schulter und rüttelte ihn.

„Sie, Ramser, was machen Sie da? Nicht gezahlt haben Sie mir schon vier Täg'. Ich bin doch nicht

152

Aeußere Ansicht des Nachtasyls in der Kleinen Schiffgasse.

Das Nachtaſyl in der Kleinen Schiffgaſſe.

Detailansichten des Asyls. (I.)

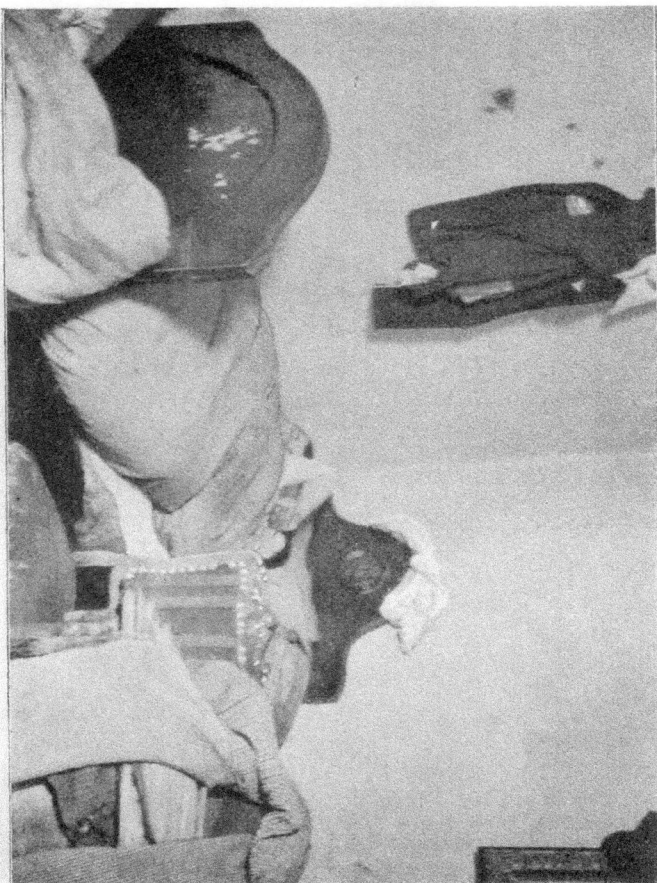

Detailansichten des Hhsls. (II.)

1. Hof in einem Massenquartier.

ä Millionär, daß ich kann warten auf mein Geld, bis Sie ä Hausse werden haben. Steigen Sie gefälligst herunter vom Bock und suchen S' Ihnen unten an Platz, wenn Sie an finden. Und Sie, Fräulein" — er stieß das Mädchen an, das sich seufzend umwandte — „für zwa Sechserln hab ich kane eigenen Betten. Außer der Herr hat nichts dagegen, daß Sie dableiben," wandte er sich in ironischem Tone fragend an mich.

Ich antwortete nicht. Am liebsten hätte ich sie beide auf ihrem Platz gelassen und mich selbst auf den Boden gelegt, doch fürchtete ich, durch die so geübte Rücksicht bedenklich zu erscheinen.

Der Mann streckte und dehnte sich noch eine Zeitlang und knurrte unverständliches Zeug, bevor er unwillig von dem Bette herabstieg, während das Mädchen sofort behende über ihn hinwegsprang, sich gleich neben dem Bett auf die Erde legte und sich in ein Tuch wickelte.

Der Mann streckte sich dicht neben ihr aus.

Diese Szene hatte sich fast von allen unbemerkt abgespielt. Noch immer hielt die laute Unterhaltung an, nur unterbrochen von lautem Gähnen und dem mono-tonen Singsang eines Betenden.

Ich hatte mich, natürlich ohne ein Kleidungsstück abzulegen, auf das Bett geworfen, dessen Polster aus alten Fetzen bestanden, über die ein rotgestreiftes, schmutziges Kattun gebreitet war. Eine Decke gab es überhaupt nicht.

So lag ich mit offenen Augen da, von Zeit zu Zeit den Atem anhaltend, da diese fürchterliche Luft mir Schwindel verursachte. Alles um mich herum war ein

Wuſt von Menſchen, Fetzen und Kehricht. Wie ein un=
geheurer Schmutzknäuel ſah das Zimmer aus.

Knapp unter mir lag das Mädchen, bis zur Stirn
in ein braunes Tuch gewickelt, ein ſchlankes, zartes Figürchen.
Aus dem Fetzenwerk hervor quoll ihr reiches, aber ver=
nachläſſigtes blondes Haar.

Eine Zeitlang verhielt ſie ſich ganz ſtill, dann aber
wickelte ſie ſich nervös aus ihrer Hülle und warf einen
ſcheuen Blick hinter ſich.

Feſt an ſie gelehnt, Arme und Beine eingezogen,
lag wie eine Kugel ihr früherer Bettnachbar.

Nun zwinkerte ſie zu mir empor. Sie ſchüttelte den
Kopf, daß die Haare flogen und als ſie ſah, daß ich noch
wach war, zog ſie den Oberkörper ganz aus dem Tuche
und ſetzte ſich halb auf. Sie neſtelte an ihrer Bluſe, die
geöffnet war und die ganze Bruſt und den Nacken offen
ließ. Dabei ſah ſie ohne Scham zu mir empor, mit kleinen
glänzenden Augen, deren Farbe ich nicht zu unterſcheiden
vermochte. Sie neigte leicht den Kopf und verharrte in
dieſer Stellung.

Ich rührte mich nicht, und es verrannen Minuten,
in denen ſie mich regungslos und unverwandt anſtarrte.
Nur einmal wandte ſie den Kopf, als ihr Nachbar ſeine
große klobige Hand wie eine Tatze auf ihren Schoß legte.

Um dieſer mich eigentümlich berührenden Situation
ein Ende zu machen, ſchloß ich die Augen und ſtellte mich
ſchlafend. Als ich jedoch nach einiger Zeit wieder auf=
blickte, ſah das Mädchen noch immer zu mir herauf. Sie
war anſcheinend im Begriff, ſich die Schuhe auszuziehen

und zog die Kleider hoch, wobei sie sich mit dem Unter=
rock die Beine rieb.

Alles dies tat sie mit auffallender Langsamkeit, ohne
ein Auge von mir zu wenden.

Das Gespräch der Leute war allmählich verstummt
und Schnarchen und Aechzen war jetzt vernehmbar.

Jemand sprang auf, lief im Hemd durchs Zimmer,
stieg auf eine Bettkante und pustete die glosende Küchen=
lampe aus.

Gleich darauf verstummte die Unterhaltung und
Stille trat ein.

Ich machte mich gefaßt, eine qualvolle und schlaf=
lose Nacht zu verbringen. War es Einbildung oder Tat=
sache, ich vermeinte auch schon zu spüren, daß das
Ungeziefer sich meiner bemächtigte und warf mich auf
meinem wenig beneidenswerten Bett gepeinigt hin und her.

Dennoch ertappte ich mich in kurzer Zeit später im
Halbschlaf.

Durch einen heftigen Krach fuhr ich empor. Ich
vernahm Geräusche wie von Schritten und von schlürfenden
Bewegungen am Boden.

In allen Winkeln schien es lebendig geworden zu sein.

Unterdrückte Rufe hörte ich, hastig geflüsterte Worte,
bald aus dieser, bald aus jener Ecke.

Ich glaubte zu träumen und erhob mich halb.

Da wurde die Tür aufgestoßen und ein halbange=
kleideter hochaufgeschossener junger Mensch, mit einem
bleichen, intelligenten Gesicht, eine Kerze in der Hand,
trat auf leisen Sohlen ins Zimmer. Er verdeckte das Licht

mit der Handfläche, während seine Augen mit angstvollen Blicken am Boden suchten.

In dem spärlichen Lichte der flackernden Flamme sah ich mehrere Liebespaare, die sich in Umarmungen auf dem Boden wälzten. Den Eintretenden empfanden sie keineswegs als Störung.

Der junge Mensch stieg zitternd über die am Boden Liegenden hinweg, näherte sich dem Mädchen, das knapp unter meinem Bette ihren dicken Nachbarn umschlungen hielt.

„Marie!“ rief er mit matter Stimme, „Marie . . ., um Gottes willen, Marie!“ Er schluchzte auf und stammelte in kläglichem Tone. „Schau, Marie . . ., sei gut zu mir . . ., morgen habe ich ja wieder Geld. Marie, komm Marie . . ., sei nicht so zu mir, Marie . . ., Marie . . ., Marie!“

Die beiden rührten sich nicht.

Jemand lachte gröhlend auf.

Einen Augenblick schien es, als ob sich der jammernde Mensch auf die beiden stürzen wollte. Er beugte sich vor, hielt aber dann inne und stolperte taumelnd zur Türe wieder hinaus. — — —

Es wurde endlich Tag. Wie ertappt vom Morgen, schlichen sich die fröstelnden Bettgeher aus dem Zimmer. Es wurde nur wenig gesprochen. Alles flüchtete aus dem Asyl, suchte nach genossenem Schlaf so rasch als möglich dieser furchtbaren Luft zu entkommen.

* * *

Nachmittags kam ich wieder. Es waren nur einige Leute da, die auf den Betten herumlagen und aßen.

Auch der blasse junge Mensch war anwesend. Ich

156

hörte, wie man von ihm sprach und ihn den „Bettel=
studenten" nannte.

Er saß rittlings auf einem Küchensessel, stützte sich
auf die Lehne und sah auf das düstere Viereck eines
Lichthofs hinaus.

Ich gesellte mich zu ihm und sprach ihn an. Er
antwortete langsam mit schwacher Stimme, schleppend
und stockend, als habe er eine schwere Zunge.

Dabei schloß er die Augen und kniff die Lider zu=
sammen, als kämpfe er gegen einen seelischen Schmerz.

„Sie sollten sich das nicht so zu Herzen nehmen,"
bemerkte ich zu dem „Bettelstudenten".

„Ach ja, Sie haben recht," antwortete er, „aber es
überwältigt mich. Wirklich, es gibt so merkwürdige, glück=
liche Menschen. Sie kommen und gehen und nichts . .
Sie fragen nicht und staunen nicht, sie erscheinen und sind
schon gewitzigt . . Ich kann das leider nicht. Gut, sie
ist eine Dirne. Sagen Sie mir das zehnmal, hundertmal:
Sie gehört dem, der ihr für eine Woche das Quartier
bezahlt. Gut, sie ist eine billige Dirne. Ich kann sie ja
doch nicht aufgeben und jedesmal, wenn ich sie wieder in
den Armen eines andern finde, packt es mich und ich
erschrecke von neuem und empfinde ein furchtbares Weh,
als wäre es mir zum erstenmal widerfahren."

Er schwieg jetzt und riß die Augen jäh auf, in
denen ich einen Funken des Wahnsinns irrlichtern sah.

„Ach Gott, warum bin ich zu schwach für ein Ver=
brechen? . . Ich hab' nicht einmal Kraft zur Wut und
Empörung, warum habe ich keine gesunden Knochen und
lauter Vorurteile?"

Ein Huftenanfall unterbrach feine Rede. Er beugte fich nach rückwärts und würgte an dem heiferen Bellen, das feinen Körper fchüttelte.

„Wiffen Sie, wie glücklich die Menfchen find, die vielen, die im Leben Erfolg haben? Die fich biegen und beugen und vorwärtstauchen und ihre Masken praktifch wechfeln? Sie klettern und kriechen, ftürmen und fchleichen ihren Weg, laufen einfach dem Fleifchgeruch nach. Und während ich zufammenbreche vor Entfetzen über diefes Leben, fagen diefe Menfchen: „So ift die Welt gerade recht, wie fie fich dreht.“ Nichts kann fie beirren. Fällt ein Zufall auf fie und zerftört ihren Bau, fie verderben nicht, die Nützlichen der Gefellfchaft, die um Pfennige ein ganzes Menfchenleben weit laufen, denn fie haben die Zähigkeit und Emfigkeit der kleinen Tiere.“

Immer zahlreicher wurden die Bettgeher, fie drängten fich durch das kleine Zimmer, in dem wir faßen, in den Schlafraum. Marie war nicht da.

Der Student ftand haftig auf und ging ihnen nach, und legte fich dann auf jene Stelle neben meinem Bett, die fie geftern eingenommen hatte.

Ich war gefpannt, was er vorhatte und folgte ihm und warf mich, meinen Widerwillen niederkämpfend, auf meinen Schlafplatz.

Aber es gefchah nichts.

Allmählich füllte fich der Raum, lebhaftes, lautes Gefpräch wurde geführt und der kleine Wirt eilte gefchäftig zwifchen den Liegenden herum, nahm Geld in Empfang und hielt ihnen, aus einem Stückchen Papier, das er in der Hand hielt, ihre Schulden vor.

Die Lampe war schon längst verlöscht, als der gestrige Liebhaber der Marie kam. Er forschte im ganzen Zimmer nach ihr, warf sich aber dann gleichmütig neben dem Studenten nieder.

Dann vergingen wieder Stunden, in denen sich nichts ereignete.

Marie kam nicht.

Ich wälzte mich schlaflos auf meinem Lager.

Plötzlich hörte ich — es mußte schon gegen Morgen sein — wie der Student, zu seinem Nachbar gewendet, eintönig auf ihn einsprach. Ich horchte angestrengt hin, konnte aber die Worte nicht verstehen.

Endlich rief der Nachbar des Studenten laut:

„Verruckt's Luada, hätt'st ausstudiert und hätt'st 's eahna nacha zagt. Jetzt tuast bell'n! Wer verint'ressiert si denn für so an toten Hund?"

Seine Worte klangen zynisch und stechend.

„Ach, Ihr seid alle nicht einen Groschen wert . .," sagte der Student. Er sprach wieder schleppend und stockend wie im Fieber. „Ihr fühlt ja die Gemeinheit dieses Lebens nicht . . und wenn Ihr sie fühlt, wißt Ihr es nicht auszudrücken . . Das ist ja das Unglück."

Sein Nachbar schien aber bereits zu schlafen. Er atmete gleichmäßig und schlürfend.

Der Student jedoch, als hätte er dies nicht bemerkt, fuhr fort, zu ihm zu sprechen.

Seine klanglosen Worte lösten sich schwer von seinen Lippen und es war, als ob sie im Raume herumwandern würden, traurig darüber, daß sie keinen Ausweg fanden.

„Dieser russische Monsieur Maxim ist ein Esel . .

Warum schreien denn die Leute in seinem Nachtasyl? . . .
Hast du mich schon einmal schreien gehört . . Wäre mir
ja um die Kehle leid. Ich kann auch nicht, wenn ich auch
möchte. Und dann . . wer hört einen denn? . . wer hört
einem denn zu?"

„Und du, du bist so ein Schwein. Warum hast
du mir gestern die fünf Kreuzer nicht gegeben . . hast doch
zehn gehabt und hast sie alle aufgefressen. Und ich . ., ich
hab' mir in die Zunge beißen können. Aber teilen möchtest
du mit dem Rothschild, was?! Der soll 's hergeben . . du
Tier! . . .

„Alle sind sie Tiere! Sie machen Gesetze für Menschen . .
weil sie sich schämen, das Tier im Leib zu haben . . Was
sie auf ihre Tafeln schreiben, ist lügenhafte Reklame . . .
daß Menschenwürde etwas gilt . . In Wirklichkeit gibt
es nur drei Gebote: der Magen muß seine Freude haben . .
die Sinnlichkeit kriegt ihre Feste und den Nebenmenschen
mußt du unterkriegen, damit er dich achtet, so lange
du lebst."

Die letzten Worte hatte der Student mit so durch=
dringender Stimme geschrien, daß sein Nebenmann erwachte.

„Halt's Maul, laß' am a Ruah. Mit dem Sempern[1])
wird's a net besser. Leg' dich hin und kusch."

„Ich will nicht kuschen," schrie jetzt nach einer kurzen
Pause der Student kreischend auf.

„Ich will nicht kuschen. Es ist entsetzlich! entsetzlich!
Ich muß schreien . ., schreien, damit sie mich hören . .,
damit sie uns hören!

---

[1]) Reden.

160

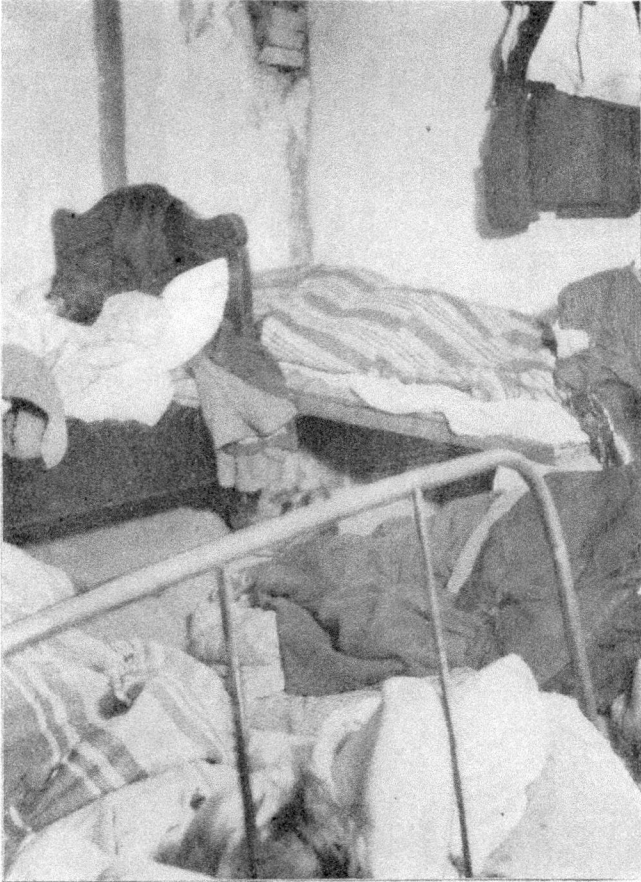

Schlafraum in der Haidgasse.

Die Besitzerin eines Massenquartiers.

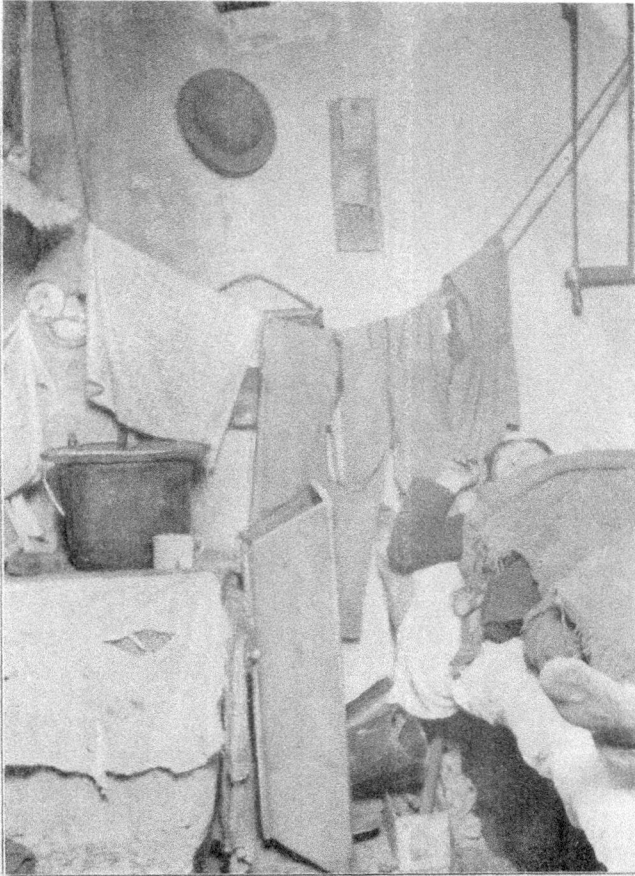

Ein Idyll.

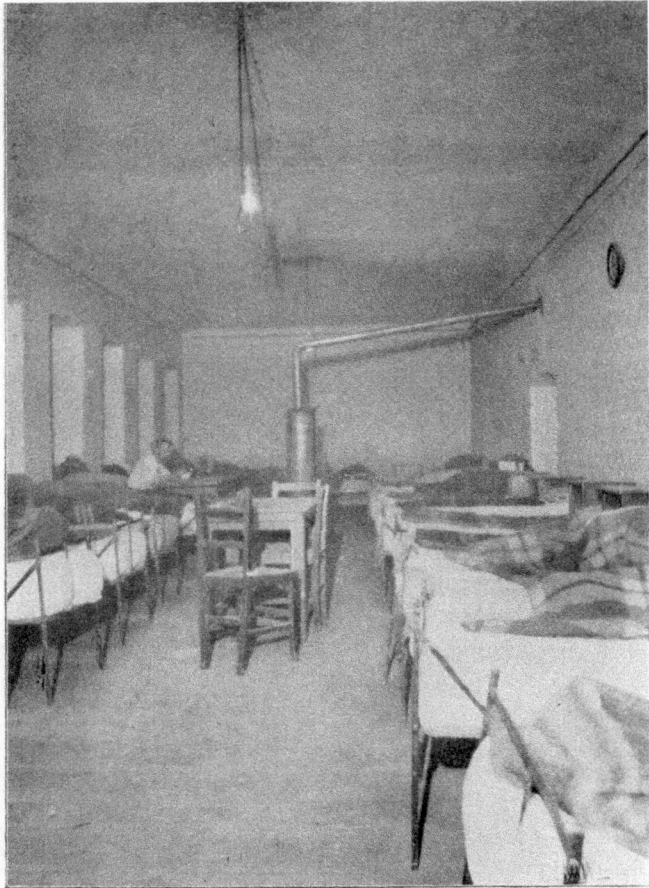

Ein reguläres Quartier in der Hofenedergasse.

Außenansicht eines Masienquartiers in der Floßgasse.

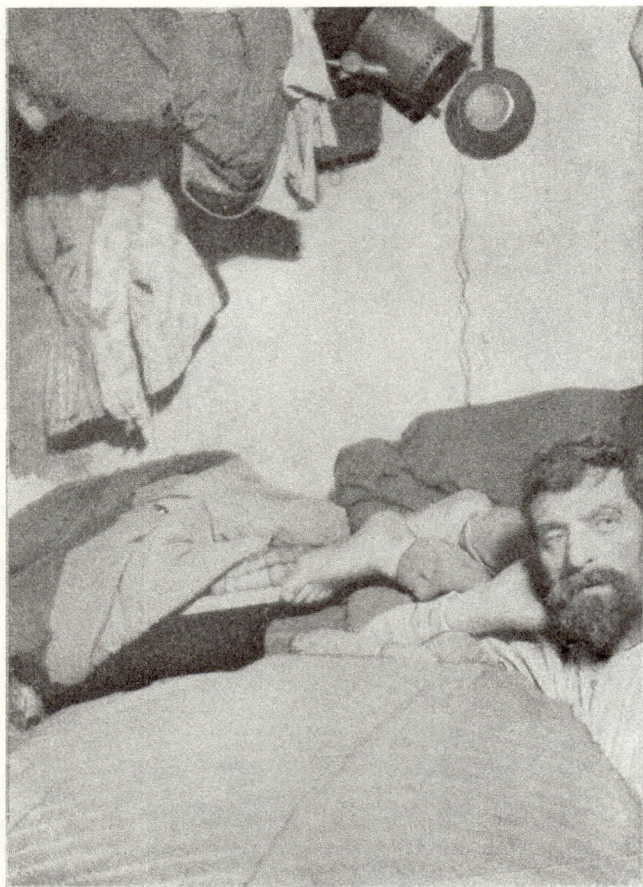

Das Quartier in der Floßgasse.

Der Schlafraum in der Küche.

Der größte Schlafraum in dem Asyl in der Floßgasse.

Dem Toben eines Wahnsinnigen glich das Gekreisch des Studenten, dessen Gesicht zu einer Fratze des Entsetzens verzerrt war.

Im Zimmer wird es lebendig. Verschlafene Stimmen rufen hin und her:

„Wer macht denn so an Bahöl?!" [1]

„Ah, der verruckte Student is's!"

„Stopft's eahm die Papp'n, den Hund!"

„A Ruah will i ham!" rief jemand, alle anderen übertönend.

„Ruhe wollen sie haben!" . . . lachte der Student hysterisch auf. „ . . Ruhe, Ruhe."

Aber schon hatten ihn zwei Bettgeher erfaßt, knebelten ihm blitzschnell den Mund und banden ihm wortlos die Hände auf den Rücken.

Einige Minuten später schliefen alle, als habe sich nichts ereignet.

Im Zimmer war es jetzt ganz still. Nur hie und da stöhnte jemand oder sprach ein paar Worte im Schlaf.

Durch die schmutzigen Fenster fielen jetzt die ersten kalten Sonnenstrahlen. . . .

---

[1] Lärm.

Anhang.

Die Griaslersprache.

(Die Kundensprache.)

Die gebräuchlichsten Ausdrücke, zusammengestellt unter
Benützung der Angaben von Josef Weber.

163

Ausdrücke der Kundensprache	Anmerkungen u. Redewendungen
Abschaffung = Siphon, Weisl, 'n G'spritzten	
anschauen jemanden = Pris nehmen	Nimm dir a Pris
Anteil (Halbpart) = Schmates, Schab	Schmates (Schab) machen = auf Halbpart arbeiten
Arbeit = Nagel	
Arbeitshaus = Beiss, Binkl, Tragl, Zuwag'	Er hat' an Binkl ('s Tragl, Zuwag') kriagt = er wird ins Arbeits-
Arbeitshäusler = Lahmscheiber, Zwänger	haus abgegeben (Zwangsar- beitsanstalt in Korneuburg bei Wien)
Arrest = Häfen	
aufsperren = tschochern	
Augenpaar = Gugorrellen	
Augen, die = Glurren	
auskundschaften = sassern, bal- dowern	
Abwesende, der = der Bestige, der Kopf	
anrempeln = anfliegen	
aufgedonnert = pamsti	Der ist pamsti = Der ist auf- gedonnert.
abräumen = ramschen	
Anteil, um den, betrügen = blitzen, Grün angeben	

164

Ausdrücke der Kundensprache	Anmerkungen u. Redewendungen
Bäcker = Kipfelschmied	
betteln = papeln, aufreissen, talfen	
Bierglas = Kochl	
Bauer = Kaffer	Muz'n = Unbeholfener Landbursch
Brot = Lechum, Bims, Hanf	
Bankier = Moosmeier	
bitten = schwafeln	
Bett = Stranz'n	
Café oder Gasthaus = Tschoch	
Courage, keine Courage haben = Z'ruckschiab'n	
Coup, ein gelungener = a Riss, a Schub	
dazu = zuwi	Wink eahm ani zuwi! = Gib ihm eine Ohrfeige!
Denkzettel = Stoss	
denunzieren = wamsen	
Dokument = Flebbe	Der Deckel hat mi g'flebbt = Der Gendarm hat meine Papiere nachgesehen
Diamant = Briller	
Detektive = Kiberer	
demoralisiert = z'müllt	
Dirne, eine reisende Dirne = Musch, Tippelschickse	

165

Ausdrücke der Kundensprache	Anmerkungen u. Redewendungen
Dummkopf = Pferscher	
Einbrechen = schränken, Mode machen, a G'schicht drahn	
„**Elektrische**" = Draunl	
ermorden = ham schicken	
eingeliefert werden = verschütt werden, einfallen, Maier mahen	
Elegant, ein (auch ein junger **Wachmann**) = Spuckerl	Gneist' d' den Spuckerl, wia a uns ansticht? = Bemerkst du den Wachmann, wie er uns fixiert?
entweichen = schimmeln, pletigehn, paligehn	
erpressen = auffihäkeln	
Egoist = Lauser	
erkundigen = auskailen, baldowern	
Essen, das = der Schnatterer	
Eisenbahn = Schnellsieder	
Fallen = Bretzenreissen, Radlschlagen, Sternreissen	
Falle = Fliag'n	
Feigling = Weh	Du bist a schön's Weh = Du bist ein Feigling
Furcht = die Gäns, die Federn	

166

Ausdrücke der Kundensprache	Anmerkungen u. Redewendungen
Friedhof = Viereckl	
Fuß = Taz'n	
Friseur = Verschönerungs-ingenieur	
Gelegenheit = Heines	Jetzt is „Heines" = Die richtige Zeit
Gesäß — Arschenal	
geh fort von mir = reiss pali, ziag o'	
Geliebte = Katz, Flugerl	
Geldbörse = Jokl, Hiasl, Fleck, Mariedl	
Geld = Gerst'n, Moos, Kies, Schotter	Moosmeier = einer, der viel Geld besitzt
gut (gelungen) = dös is Leinwand, dös is presst, dös is g'riss'n, duft	Neger = einer, der nichts besitzt
Gesellschaft, eine = das Bandl, die Platt'n	
Geständnis entlocken = auskail'n	
Gendarm = Deckel	
Gehalt (Verdienst, Lohn) = Pacht	
Gewalttat, einen machen = an Scharfen machen	

167

Ausdrücke der Kundensprache	Anmerkungen u. Redewendungen
Gerichtssaal = Knastmagazin	
Geizen = Rotzen	
Geld besitzen = weiss sein	
Gesicht, das = Bahnung	dem hob' ich dö Bahnung z'niacht = Dem habe ich das Gesicht zerschlagen
Gulden = Stan	
Hausmeister = Hausmotzl	
Hemd = Staud'n	
Hose = Bopf'n	
Hehler = Passer	
Halsbinde = Kreplerhalfter	
Hasardspieler = Tiebler, Kosak	
Hiebe austeilen = eingeben, einschänken, nachlegen	
Heimatschein (Asylbuch) = Dack'n	linke Dack'n = falsches Asylbuch
Hineinstechen = Angeigna, Anspritzen	
Hunger = Kohldampf, Luft, Moder	Kohldampfschieben = hungrig sein
Hungrig — ausgrast	
Herabgekommen = im Bruch, Valat, znepft.	
Hut = Obermann	

Ausdrücke der Kundensprache	Anmerkungen u. Redewendungen
Hundefutter (das von Vagabunden gekauft wird) = Schränz	Spiess' eini, vielleicht kriagst Schränz = Geh' hinein, vielleicht kriegst du Hundefutter
Idee = Knadaster, Gneister, an Pris	Hast an Knadaster (Gneister, an Pris?) = Hast du eine Idee?
ignorieren = anhust'n	
Jahr = Pfund	Wia viel Pfund hast denn g'fasst? = Zu wie viel Jahren bist du denn verurteilt gewesen?
Jackett = Schestwender	
Juwelier = Fuchserer	
Kalt = Küls	
Kamm = Rechen, Anchen	
Kreuzer = Tabanari, Netsch, Tupf, Tippel	
Köder, ein = a' Rutsch'n	
Kopf, der = I-Tüpfl, Häf'n	
Kopfstück = Scherzel	
Karten = Hadern	
kleiden (bekleiden) = schalnen	
Kegelbahn = Rundl	
Klavier (oder Harmonium) = Wanzenquetschen	
Kette, Uhrkette = Zug, Strang	

Ausdrücke der Kundensprache	Anmerkungen u. Redewendungen
Kleingeld = Riesel	
Lüge = Schmäh, Sud, Fliag'n	
lügen = greanschmettern	
Lumpensammeln = Strebeln	
Laibchen (um 2 Kreuzer)=Lercherl	
Landesgericht = Krim	Krimsegler oder Krimreiter = Einer, der ins Landesgericht kommt
Langschläfer = Dusselmaschin'	
Landstreicher, Landbettler = Talfer	
Landgemeinde = Kaff	Dös Kaff is hass = dieses Dorf ist gefährlich (ein scharfer Polizist)
Landstreicher (der keine Papiere hat) = Linkmichl	
Leute, Zuschauer = die Köpf	
lostrennen sich = o'beut'ln.	
Mageres Individuum = G'selchter, Banener	
Messer = Mann, Spritz'n	
Meßner = Kirchentschari	
mit Mädchenreizen spielen = bebriesen, abgailen	
müde = matsch	

Ausdrücke der Kundensprache	Anmerkungen u. Redewendungen
Mundharmonika = Fotzhobel	
mittellos = schwarz sein	
Monat = Meter	
Mahlzeit = Hagler, Hagelputz	
Mahlzeit verzehren = hageln	
Nachgeben, zu Kreuz kriechen = Leimsieden	
nehmen, etwas = ramschen, flachen	
nobel = schmissig	
Name = Schelm	
nichtstuen = batzen	I hob an linken Schelm angeb'n = Ich habe einen falschen Namen angegeben
Ohrfeige = Schuss, Lettn	Gib eahm a Lettn, Reiss eahm an Schuss = Gib ihm eine Ohrfeige
Physiognomie = Treantsch'n	
Prostituierte = Zauck, Gschaml, Riefel, Zenkl	
Postsendung = Schiff	
Pfarrer = Goloch	
Provinzleute = Hirsch, Hörndler, Wuk	

Ausdrücke der Kundensprache	Anmerkungen u. Redewendungen
Polizeispitzel = Schliaferl	
pockennarbig = g'steppt, grob- g'naht	
Quartiergeber = Koberer	
Rasch nehmen = fangen, chappen	Fang's und palisier = nimm es rasch und verschwinde
Razzia = Züli, d' Schmier	
reben = schmalern	
Ring = Gattern	
Schlafen = pilseln, pfeifen, grundeln	
Schlafende berauben = fleddern, o'stiar'n	
Schub = Trab	Er geht am Trab = er wird per Schub geschickt
Schubwagen = Heinrich	
schlecht machen bei jemanden = anlahna	
Spiegel = Blend'n	
Strafhaus Göllersdorf = Pellen- dorf	
Schlüssel = Tatel, Tschocherer	

172

Ausdrücke der Kundensprache	Anmerkungen u. Redewendungen
Staatsanwalt = Schmalztiebler, Beissjanker	
Stampiglie = Zink'n	
Schreiben, das = Gsiberl	
Schreiben = felbern	
Sprechen = schmalern	
Spielkarten = die Ha oder die Harl'n	
Schuhe = Böck	
Skandal = Murrer	An linken Murrer machen = Einen Skandal provozieren, um bei dieser Gelegenheit zu stehlen
Sacktuch = Gat'n	
Spital = das Begerische	
Schlecht = Kreuzlink, Link	
Sperrhaken = Datteln	
Schmutz = Antiqua	
Schneider = Sardellenreiter	
Schuster = Zwek	
Türschloß = Hund	
taschelziehen = seebachern, schliebern	
trinken = pritscheln, tschechern	Tschecherer = Tropfbierjammler Turner = eine Art Betrunkenheit

173

Ausdrücke der Kundensprache	Anmerkungen u. Redewendungen
töten = kalt machen	
Teeanstalt = Gwaschthalle	
Unbescholtene = Frankisten, Frankfurter	Dös is a franker Pfistl = einer, der noch nicht vorbestraft ist
übervorteilt werden = der Kren sein, der Hängl sein	Kren oder Hängl ist jeder, der übervorteilt wird und den Schaden hat
übernachten = turnen	
übernachten im Freien = plattmachen	
Uhr = Ratschen	Gelbe Ratschen = Goldene Uhr
Unterstandsloser, bejahrter = Bärsch	
Ungeziefer, mit Ungeziefer beladen sein = resch sein	
Versetzt = Verhängt	
Versatzamt = Tante, Hängamt	
vermuten, viel Geld bei jemandem = do stockt was, do sitzt was, do pickt was	
Virginia = Wetscherl	
Vereinigung = Trust'n, Platt'n, Kart'n	

174

Ausdrücke der Kundensprache	Anmerkungen u. Redewendungen
verschwinden = test'n	Ramsch den Pacht und test ma = Nimm das Geld und ver- schwinden wir schnell
verletzen, schwer = A Quint drah'n	
vorzüglich (sehr gut) = 'presst	
verkaufen = verpassen	
verschwinden lassen = ver- kümmeln	
viel — A Metzen	
Wahn = Sprek	An Sprek hab'n, antapft sein = mit Wahn behaftet sein
Weib = Krätz'n, Rippe, Würstl	A' harb's Ban = ein fesches Weib
Weib, ein zart besaitetes = Hunderl, Katzerl	
weich = letschert	
Wind = Blasius	Der Blasius is küls = Der Wind ist kalt
Werkhaus = die Hütt'n	
Wachmann, der = Putz, Höhmann	
Winterrock = Joschi (Joszi)	
Wärmestube = Gunkerquarzhalle	
Wohnstätten = Straunzierungen	
zahlen = blech'n	

Ausdrücke der Kundensprache	Anmerkungen u. Redewendungen
zechprellen = an Hechten schlag'n, an Prinzen scheib'n	
Zigarrenreste = Motschka	Knastern geh'n = Zigaretten-
Zigarette = Spreiz'n	stummeln auflesen gehen
Zigarettenstummel = Tschick	
Zimmerfrau = Koberin	
Zuhälter = Haber	
ustecken = reib'n	
Zigeuner = Schwarzfahrer	
Zeitung = Leserl	

Redensarten.

Dö Trust'n is z'strat. Der ane stockt in da Krim, da andre pickt in da Beiss, a paar san in da Hütt'n, da G'flickte hoselt erst sein Knast. — Der Bund der Griasler ist zerstreut. Einer sitzt im Landesgericht, ein anderer im Arbeitshaus, etliche sind dem Werkhause überstellt, der Blatternnarbige wartet in der Untersuchung auf seine Strafe.

*

Wannst einfallst, verramsch dös Heu 'presst, damit' d' wos z'döbern host. — Wenn du arretiert wirst, verstecke den Zigarettentabak gut damit du „drinnen" etwas zum rauchen hast.

*

Nimm da an Pris von den Flugerl, was die für Kren aufreisst, ihr'n Haber gibt s' grean. — Nimm dir ein Beispiel von dem flatterhaften Mädchen, was die (vorübergehend) für Männer verlockt. Von dem Sündenlohne erhält der Zuhälter nichts.

*

Der hot an schwar'n Zug, bei dem sitzt wos, verreiss'n ma 'n und räst'n man o. — Der hat eine teure Uhrkette, locken wir ihn wohin und berauben wir ihn darum.

*

Grean is d'Schmier, geht's pali, ziagt's o, sö hab'n an Gneister von unsra Straunzen. — Verrat! Die Polizei! Gebt Fersengeld, sie haben eine Ahnung von unserem Nachtlager.

*

Luftg'selchter, schlog a Radl in's Pfeifenröhrl und batz di drin, damit die dö Höh net gneist. — Dürrer Griasler verschwinde, damit dich die Polizei nicht findet.

*

Verramsch dö Tschocherer, lahn' s' pali, da Putz sticht auf uns. Wann er's gneist beim Filzen, is greanspeis. — Versteck die Dietriche, der Wachmann fixiert uns. Wenn wir arretiert werden, würde es uns schlecht gehen.

*

Griss'n is's jetzt, tan ma tschobern, 'n Mauerreisser blitz'n ma, dö presste Dali g'hört uns. — Es ist gelungen. Jetzt teilen wir, den Aufpasser betrügen wir um seinen Anteil, die Beute gehört uns.

*

Hänk ma, da Wuk hot an Pris, er präsentiert. — Laufen wir, der Bestohlene ahnt schon den Abgang. Er greift nach der Uhr (die wir ihm genommen).

*

Raun da dös linke Ban an, sie is zwar bockgstad, oba do 'presst, sie geht am Schotterer aus. — Sieh' diese Dirne, sie ist von den Kleidern herabgekommen, aber immerhin schön. Sie geht nach Männern aus.

*

Auf da Höh' hob'n s' mi in da Reiss'n g'hobt, sö hob'n mi auskailt, ob i kan Pris hob' von den letzt'n Schränk, der g'schmiss'n is wurd'n. — Im Sicherheitsbureau haben sie mich ausgefragt, ob ich nichts weiß von dem letzten Einbruch.

*

Wann d'Kimm und d'Höh' nöt war'n, dös war a presst's Griasl'n, oba a so moch'n uns d'Bestigen dös Kräutl drein. — Wenn die Läuse und die Polizei nicht bestünden, das wäre ein freies Leben. Aber so machen sie uns einen Strich durch die Rechnung.

*

178

Kaum dass ma si vom Pfiff o'beutelt und si dö Gugorell'n riebelt, stösst am schon a Höhmann auf's Gradi. Wann ma g'schalnt wa und net z'begelt, hätt'r a kan Pris, dos ma a Pfiffpagat is. — Kaum, daß man aufſteht und ſich noch die Augen reibt, beanſtändet einem ſchon der Wachmann aufs Geratewohl. Wenn man beſſere Kleider hätte und nicht ſo herabgekommen ausſehen würde, hätte er keine Ahnung, daß man ein Unterſtandsloſer iſt.

Inhalt.

Gedruckt bei Karl Groák, Wien, III. Beatrixgasse 14.

Ernst Grabovszki

Nachwort

Im Jahr 1906 macht sich eine wackere Schweizer Journalistin auf eine besondere Reise. Tourismus ist zu jener Zeit noch Abenteuer, sowohl für die Veranstalter als auch für die Reisenden, und auch Else Spiller (1881–1948) will sich in Wien zunächst auf touristische Pfade begeben. Ein lauschiger August-Abend soll im Prater ausklingen, also macht sie sich mit Freunden auf, »denn ich sollte unbedingt vor meiner Abreise das echte, fröhliche Wien da draussen sehen und die lachende Freude kennen lernen, die man Wiener Gemütlichkeit nennt«.[1] Doch die fröhliche Stimmung verfliegt gleich wieder. Als sie am Ende der Schlösselgasse mit ihren Begleitern auf die Straßenbahn wartet, beobachtet sie einen Mann, der einen Kindersarg trägt, hinter ihm eine still weinende Frau, »und auf einmal sah ich neben den eleganten Leuten, neben den rosigen Damen in duftigen Sommertoiletten, arme verhärmte Frauen durch den Menschenstrom sich schieben. Wie nahe doch alles beisammen war!«[2] Will sagen: Wie nahe doch Wohlstand und Elend, Leben und Tod einander nahe sind. Für Spiller ist dieser Eindruck ein Schlüsselerlebnis. Sie reist 1908 nach Deutschland, Holland, London und Paris, 1910

1

schließlich erkundet sie Norddeutschland, Dänemark und das rheinische Industriegebiet,[3] um über das Elend in europäischen Städten zu berichten. Was sie sieht, schreibt sie in ihrem Buch *Slums. Erlebnisse in den Schlammvierteln moderner Großstädte* (1911) nieder.

Wohnungsnot, Krankheit, Hunger, Hygiene, also die Verelendung in den Metropolen Europas, sind zu jener Zeit längst ein Thema, vor allem im Journalismus. In Österreich etwa hat Victor Adler, Begründer der Sozialdemokratischen Arbeiterpartei, in der von ihm selbst 1886 ins Leben gerufenen Wochenzeitung *Gleichheit* über die mehr als tristen Verhältnisse berichtet, denen die Arbeiter in der Wienerberger Ziegelfabrik im Süden Wiens ausgesetzt sind. Adler schreibt: »Nun denn, diese armen Ziegelarbeiter sind die ärmsten Sklaven, welche die Sonne bescheint. Die blutige Ausbeutung dieser elendesten aller Proletarier wird durch das verbrecherische, vom Gesetz ausdrücklich verbotene Trucksystem, die Blechwirtschaft, in unbedingte Abhängigkeit verwandelt. Der Hunger und das Elend, zu dem sie verdammt sind, wird noch entsetzlicher durch die Wohnungen, in welche sie von der Fabrik oder ihren Beamten zwangsweise eingepfercht sind.« In diesen ›Wohnungen‹ hausen mehrere Familien pro Zimmer, »Männer, Weiber, Kinder, alle durcheinander, untereinander, übereinander«.[4] Die Unverheirateten haben es noch schlechter erwischt. Sie verbringen ihre Nächte auf Holzpritschen in Baracken mit bis zu 70 anderen Arbeitern in einem Raum, ohne Decken, ungewaschen, von Wanzen und Läusen befallen.

Dabei ist den Ziegelarbeitern in Wien zumindest eines erspart geblieben, was in London zu genau dieser Zeit grassiert: Dort sind die Armenviertel Ziel von fragwürdigen Besichtigungstouren. In Bussen werden noble Londoner mitternachts durch die Slums im Osten der Stadt gekarrt. Man will sehen, wovon man wenig zu wissen glaubt – oder eigentlich nichts wissen will, nämlich wie die Armen leben.5 Die Motive, sich dieser Szenerie auszusetzen, sind unterschiedlich: Schaulust, Voyeurismus, falsches Mitleid, aber auch der Wille, die soziale Situation zu verbessern, journalistische und soziologische Interessen, schließlich auch sexuelle Grenzüberschreitungen sind nur einige Überlegungen, die dazu führen, eine kurze Reise in eine andere Welt zu unternehmen. Die andere Seite Londons wird zusehends auch Thema dokumentarischer Literatur, nachdem ihre Schattenseiten schon im 19. Jahrhundert etwa in den Romanen von Charles Dickens abgearbeitet worden waren. Eine Karte von London, die der Sozialforscher Charles Booth 1889 anfertigt, um darauf jene Gegenden sichtbar zu machen, in denen Armut oder Wohlstand herrschen, verzeichnet nicht weniger als 134 Gegenden mit je rund 30.000 Einwohnern, die zu den Armen gezählt werden.6 Friedrich Engels, der Anfang der 1840er Jahre in England lebt und bereits 1845 *Die Lage der arbeitenden Klasse in England* untersucht hatte, führt das Fortbestehen der Armut auf die »brutale Gleichgültigkeit, die gefühllose Isolierung jedes Einzelnen auf seine Privatinteressen« zurück, die umso stärker hervortreten, »je mehr diese Einzelnen auf den kleinen Raum zusammengedrängt sind«.7

Die Verelendung der Städte um die Wende vom 19. zum 20. Jahrhundert ist das Ergebnis mehrerer Prozesse, die die urbane Entwicklung und Politik nicht verkraften. Einer davon ist die gewaltige Zuwanderung: Die erste Volkszählung in Wien 1754 spricht von mehr als 175.000 Bewohnern, im Jahr 1800 sind es 231.000. Zwischen 1800 und 1846 wächst die Bevölkerung auf rund 411.000 an, 1857 sind es schon 683.000. Der Zuzug hat zur Folge, dass nicht genug Wohnungen zur Verfügung stehen und die vorhandenen hochpreisig vermietet werden. Dazu kommt, dass noch vor der Mitte des 19. Jahrhunderts Teile Europas aufgrund der Witterungsverhältnisse und damit verbundener Missernten an Hungersnot leiden. Die Not trifft jene am härtesten, die ohnehin nichts haben. Um das Jahr 1915 erreicht die Einwohnerzahl Wiens mit rund 2.250.000 den Höhepunkt.

Diese Zeit der Spannungen, die Wende vom 19. zum 20. Jahrhundert ist die Zeit der Aufdecker, der *muckraker*, wie der amerikanische Präsident Theodor Roosevelt jene Journalisten nennt, die sich mit oberflächlichen Nachrichten nicht zufrieden geben, sondern tiefer schürfen und dabei auch mitunter unangenehme Wahrheiten ans Licht holen. Kurz nach der Jahrhundertwende und nur wenige Jahre, bevor Else Spillers aufrüttelnder Bericht erscheint, machen sich in Wien zwei Herren auf den Weg, um die aus der Gesellschaft Ausgestoßenen zu erkunden. Der Journalist Emil Kläger und der Richter Hermann Drawe[8] besuchen mehrere Monate lang Armenhäuser, Nachtasyle, Kanalschächte, Männerheime und verarbeiten das, was sie gesehen und gehört hatten, zu einem Lichtbildervortrag, den sie erstmals am 23. Mai

1905 in der Wiener Urania darbieten.9 Der Vortrag hat jedoch zunächst nicht jene Wirkung, die sich Kläger, Drawe und der Veranstalter erhoffen: Die nicht gerade förderlichen Aussagen über die Stadt und einen Teil ihrer Bewohner machen ihre Runde bis ins Büro des Bürgermeisters Karl Lueger, der der Urania mit Konsequenzen droht, zumal diese Vorträge nicht dazu angetan seien, das Bildungsniveau der Zuhörer zu heben. Der ehemalige Direktor der Wiener Urania, Wilhelm Petrasch, schreibt dazu in seiner Geschichte der Urania:10 »In der Urania reagierte man zunächst mutig und kaltschnäuzig. Die Direktion teilte mit, die Vorführungen seien ausschließlich für Erwachsene gedacht und die Jugend habe keinen Zutritt, das sei auch auf allen Wochenprogrammen vermerkt. Allerdings sah man sich dann durch eine gegen die Urania einsetzende Pressekampagne veranlasst, mehrere Stellen des Vortrags, die an den sozialen Verhältnissen Kritik übten, zu entfernen. Da dies jedoch ohne Wissen und Willen der Autoren geschah, protestierten diese gegen den Eingriff in das Urheberrecht und drohten, vor Gericht zu gehen und die Einstellung der Vorstellungen zu beantragen, für den Fall, dass eine gütliche Regelung unmöglich sein sollte. Sicherlich war dieser Vortrag für die damals üblichen Regeln der borniertes Wiener Gemeindegewaltigen aus pädagogischen und ästhetischen Gründen ein Grenzfall – aber er war interessant und gewährte einen tiefen Einblick in die Abgründe der Großstadt. Und er wurde nicht abgesetzt. Tatsache ist, dass dieser Vortrag viele Besucher anzog und bis zum Jahr 1908 dreihundert Mal stattfand.« Das bedeutet etwa, dass er in die Reihe der so genannten ›Repertoire-Vorträge‹ aufgenommen und damit ein Dauerbrenner im Programm der Urania wird. Man fragt sich tatsächlich, was an dem Thema so anziehend ist. Vielleicht interessiert sich das Publikum für das Elend deshalb, weil es ihm plötzlich fast an den Leib gerückt ist – oder weil man so etwas in unmittelbarer Nähe nicht für möglich gehalten hat: Menschen, die sich in Kanalschächte pferchen, überfüllte Wohnungen, Gesichter, die auf den Fotos von damals in eine andere Welt schauen, weil sie in der hiesigen alles gesehen haben. Noch heute besitzen die Bilder von Hermann Drawe etwas ungewöhnlich Anziehendes, und sie machen bald klar, dass das Wien des Fin de siècle hinter dem Glanz der Ringstraße auch eine dunkle Seite hatte.

Wer sind die beiden, und was hat sie veranlasst, sich gerade mit den unwirtlichsten Gegenden Wiens und ihrer Bewohner auseinanderzusetzen? Über Klägers Leben ist nicht allzu viel bekannt und überliefert.[11] Am 10. Oktober 1880 in Vyznycja (Wiznitz) bei Czernowitz geboren,[12] studiert der spätere Journalist und Schriftsteller wie seine Brüder Josef und Leopold an der Universität Wien Jura, schließt sein Studium aber nicht ab. Auffallend ist Klägers Interesse für das Theater, was sich vor allem in seiner journalistischen Tätigkeit niederschlägt. Auf Radio Wien spricht Kläger eine Premierenvorschau und verfasst für die Neue Freie Presse zahlreiche Theaterkritiken. Der Name Emil Kläger taucht 1928 im Zusammenhang mit einem international Aufsehen erregenden Fall wieder auf: Am 10. September dieses Jahres verunglückt der jüdische Zahnarzt Max Halsmann in den Tiroler Bergen. Daraufhin wird sein Sohn Philipp, der den Vater auf seiner Wanderung im Zillertal begleitet hat, verhaftet, des Vatermords bezichtigt und zuerst zu zehn Jahren, dann wegen Totschlags zu vier Jahren Kerker verurteilt. Der österreichische Bundespräsident begnadigt ihn 1930. Kläger berichtet über diesen Fall in der Neuen Freien Presse und vor allem kritisch über die Justiz. Er fragt sich, ob die Geschworenen der Komplexität des Falls überhaupt gewachsen waren und wundert sich über die Härte des Urteils, nicht zuletzt angesichts der Tatsache, dass andere Mordfälle jener Zeit mitunter mit Freispruch enden.[13] Halsmann wird nach seiner Begnadigung des Landes verwiesen, wandert daraufhin nach den Vereinigten Staaten aus und wird dort als Philippe Halsman ein bekannter Modefotograf.

Dem (Straf-)Recht ist Kläger überhaupt recht zugetan: In den *Wiener Quartieren* lässt er seine Gesprächspartner immer wieder über Recht und Unrecht sinnieren, und im Jahr 1935 widmet er sich sogar in einer eigenen Publikation der Verbesserung des »staatlichen Seelenschutzes«. Ein Jahr vor seinem Tod veröffentlicht er den schmalen Band *Das Menschenschutzgesetz. Aufruf und Entwurf* (1935), in dem er ähnlich wie Engels argumentiert: »Die Gleichgültigkeit gegen den Nachbarn, von Staaten und Einzelnen geübt, ist die große Sünde gegen die Menschheit«, und diese Gleichgültigkeit erzeuge »Gesellschaftsfeinde, die zu Staatsfeinden werden« und schaffe »das giftige Dungmittel auf dem Brachland, aus dem das tägliche Verbrechen emporwächst«.[14] Der Profitgeist treibe die Menschen gegeneinander. In dieser Situation sei der Staat gefordert. Er müsse die Seele der Menschen schützen, Gleichgültigkeit und Verantwortungslosigkeit bekämpfen. In der Folge präsentiert Kläger eine Novelle zum geltenden Strafrecht, in der er seine Gedanken zur menschlichen Verantwortung, zu seelischen Verletzungen und ihren Folgen, unsozialem Handeln und dergleichen darlegt.

Kläger ist als Journalist dem gesellschaftlichen, politischen Tagesgeschäft verpflichtet, hat aber auch musische Seiten. Ab dem Wintersemester 1932 unterrichtet er an der Staatsakademie für Musik und darstellende Kunst den wöchentlichen Kurs ›Das moderne Drama seit Ibsen‹, ab dem Sommersemester 1936, also nur einmal, bevor er im Juni 1936 stirbt, den Kurs ›Theatergeschichte, Dramengeschichte und Dramaturgie‹, der zur Vorbereitung für die Prüfung zur ›Erlangung des Berechtigungsnachweises zur Ausübung des Bühnenberufs‹ (Zl. 7/Res/1936)[15] dient. Vor seiner Tätigkeit an der Staatsakademie hat Kläger ein Jahr am Max-Reinhardt-Seminar unterrichtet (1931),[16] davor zwei Jahre an der Hochschule Mozarteum in Salzburg.

Kläger bleibt bis ans Ende seines Lebens Junggeselle, und die einzige Frau, die für ihn eine wichtige Rolle spielt, dürfte seine Mutter Caroline gewesen sein. Ihr ist auch das Buch *Durch die Wiener Quartiere des Elends und Verbrechens* gewidmet, sie wird als einzige Frau im Nachruf der Neuen Freien Presse erwähnt. Kläger stirbt im Alter von erst 56 Jahren am 2. Juni 1936 an Angina pectoris. Auch nach seinem Tod werden die *Wiener Quartiere* immer wieder in der einschlägigen Literatur zur Geschichte Wiens oder zur Sozialreportage erwähnt. Ganz verschwunden bleibt Kläger also nie. Im Jahr 2007 stehen er und sein Wanderbuch sogar im Mittelpunkt einer Ausstellung im WienMuseum.[17]

Noch weniger als über Kläger ist über Hermann Drawe, geboren 1867, bekannt, außer dass er als Richter in der Leopoldstadt wirkt und offenbar eine Leidenschaft für die Fotografie entwickelt hat. Drawe ist aber nicht nur als Fotograf, sondern, im geringeren Umfang, auch als Autor tätig. Zwei Jahre nach dem Erscheinen der *Wiener Quartiere* veröffentlicht er das Buch *Unter Vagabunden. Skizzen aus der Verbrecherwelt* (1910), danach den humoristischen Band *Hoher Herr Gerichtshof! Entgleisungen im Gerichtssaal* (1918), schließlich *Sträfling Nr. 63 und andere Novellen* (1919), *Jagdgeschichten* (1920) und *Im Schattenspiel des Lebens* (1921). Drawe stirbt 1925 in Wien. Die Original-Lichtbildserie, bestehend aus 61 kolorierten Glas-Diapositiven, ist noch erhalten und wird im Österreichischen Volkshochschul-Archiv aufbewahrt. Klägers Vortragsmanuskript, sofern es überhaupt je eines gegeben hat, ist verloren.

Wie für Else Spiller gibt es auch für den Ich-Erzähler der *Wiener Quartiere* (der nicht mit der realen Figur Kläger übereinstimmen muss) ein Schlüsselerlebnis, nämlich den Selbstmord des Schulkollegen Franz Licht, der sich im Alter von 23 Jahren in der Alserbachstraße mit einem Revolver das Leben nimmt. Licht stammt aus »wohlhabendem Hause«, »hatte in den letzten Jahren seine Studien vernachlässigt und sich mit seinen Eltern überworfen. Er sank immer tiefer, war zuletzt unterstandslos und verwahrloste derart, daß er in Kanälen und Massenquartieren Unterschlupf suchen mußte«.[18] Dieses Schlüsselerlebnis reflektiert implizit das Programm an bürgerlichen Werten und Idealen, die hinter Klägers Reportage hervorschimmern und vermutlich auch Teil seiner eigenen Identität sind, nämlich Traditionsbewusstsein, Familie, Wohl der Gesellschaft, beruflicher Aufstieg und dergleichen. Wer sich diesen Idealen verwehrt, riskiert den unumkehrbaren Abstieg. Noch wenige Wochen vor seinem Selbstmord begegnet Licht dem Ich-Erzähler, dem er unter anderem von seinen nächtlichen Lagern »in den Schächten der Sammelkanäle und im Wienkanal«[19] erzählt. Und auch Franz Licht legt Kläger eine Anspielung auf die rechtliche Situation in den Mund, indem er diesen über die Menschen in den Sammelkanälen sagen lässt: »Sieh sie dir doch an, wie sie dort unter dem Abfall liegen, wie in Käfigen gehalten, und du wirst begreifen, daß unser Strafgesetz gerade alt genug ist, um die so Mißhandelten und Entrechteten im Zaum zu halten.. Sieh sie dir an und du wirst erkennen, daß keine Schuld so große Strafe verdienen kann.«[20]

Freilich stellt Kläger keine wissenschaftlichen Ansprüche an seinen Vortrag und seine Reportage. Ihm ist offenbar daran gelegen, seinem Publikum einen möglichst hautnahen und vor allem subjektiven Einblick in die Welt der Armen zu geben. Nicht umsonst verwendet Kläger schon im ersten Kapitel die Ich-Perspektive und macht damit seinen streng subjektiven Standpunkt klar, lädt aber seine Leser gleichzeitig zur Identifikation ein, weil das ›Ich‹, das hier erzählt, genauso der Leser sein könnte. Mit der Figur Fritz Licht fiktionalisiert er den Text geradezu in romanhafter Form, um das, was er darstellen will, anhand eines konkreten Schicksals zu veranschaulichen. Und eine Figur aus Fleisch und Blut ist uns Lesern vielleicht lieber als eine abstrakte Abhandlung über das Thema Armut in der Großstadt. Falls Franz Licht also tatsächlich gelebt haben sollte, war er möglicherweise der Anlass dafür, dass sich Kläger mit den Armen Wiens beschäftigt hat. Wahrscheinlicher ist es aber, dass Kläger aufgrund seiner journalistischen Tätigkeit (unter anderem als Gerichtsreporter) auf Menschen und Themen aufmerksam geworden war, die aufgrund ihrer Persönlichkeit, ihrer Herkunft und der Umstände, in denen sie lebten, den gesellschaftlichen Normen nicht immer entsprachen. In ihren beruflichen Rollen dürften Kläger und Drawe einander auch kennengelernt haben, konkret bei einem Prozess, dem Drawe als Richter vorsaß und in dem der Inhaber eines Leopoldstädter Massenquartiers der Kuppelei angeklagt war, weil in seinem Domizil unverheiratete Frauen, Männer und Jugendliche offenbar freizügigen Umgang miteinander pflegten.[21] Tatsächlich berichtet auch Kläger in seiner Reportage über Erlebnisse in einem Wiener Bezirksgericht, in dem er »erschöpfte Neulinge«, »verbitterte Menschen«, »ergraute Arbeitsscheue« beobachtet und dass er sich angesichts dieser Schicksale und dem Wunsch, »in die Not dieser Menschen wichtige Einblicke zu tun«, entschließt, »das Elend selbst in seinen Schlupfwinkeln« aufzusuchen.[22] Das möchte er aber nicht ohne einen »offiziellen Zeugen« tun und bittet folglich Drawe, mit dem ihn »sehr herzliche Freundschaftsbeziehungen« verbinden und der darüber hinaus »reges und aufrichtiges Interesse für die Verlorenen der Großstadt« hat, ihn zu begleiten.[23]

Im Zug der Lektüre des Buches wird schnell klar, dass die Geschichte in erster Linie von den Menschen und deren Lebensgeschichten, ihrer Anormalität, mitunter auch ihrer Banalität lebt. Kläger und Drawe treten bei ihren Besuchen in den Hintergrund, und als Erzähler lässt der Autor seinen Figuren viel Raum, den diese mit (vermeintlich) authentischer direkter Rede füllen. Mehrere Monate, so schreibt Kläger, habe er gleichsam ›im Feld‹ zugebracht, um das Elend authentisch, also aus nächster Nähe zu erleben. Tatsächlich war die Feldforschung zur Zeit Klägers eine moderne Methode der Ethnologie, die auf den deutschen Gelehrten Gottlieb Schnapper-Arndt zurückgeht. Ihr Ziel ist es, den Forscher aus der letztlich künstlichen Laborsituation zu befreien und ihn mit den Objekten (oder vielmehr Subjekten) seines Interesses direkt zu konfrontieren, um aus dieser Authentizität eine methodisch ernst zu nehmende Darstellung abzuleiten. Nicht nur die Wissenschaften, auch die Künstler jener Zeit sind ins Freie gegangen: Die Impressionisten waren geradezu angewiesen auf natürliches Licht, um die Farb-Nuancen der Natur auf sich wirken zu lassen. Der direkte Kontakt mit dem, was jenseits des Schreibtisches oder der Ateliestüren lag, war also opportun geworden, auch in den Künsten.

Freilich stellt sich die Frage, wie sich Kläger und Drawe auf das Jenseits, das zu erkunden sie sich vorgenommen hatten, vorbereiten konnten, wie sie sich zurechtfinden wollten, wo doch vor allem der Wiener Untergrund seine eigene Topographie, seine eigene Rangordnung, seine eigene Sprache hatte. Die beiden brauchen also jemanden, der ihnen die Brücke zu den Griaslern, Strottern, Obdachlosen und Ausgestoßenen schlug – zumindest dort, wo sie damit rechnen mussten, nicht willkom-

XII

men zu sein: in der Geheimwelt der Kanäle. Ganz im Sinn der modernen Feldforschung nehmen sie die Hilfe von Insidern in Anspruch: Der erste Informant ist der ›Kiebitz‹, ein Original in Wort und Aussehen, und durch den Wienkanal führt sie der ›Hausmeister‹ Weber, wie der Kiebitz mit den Verhältnissen bestens vertraut. Kläger und Drawe, so heißt es zumindest im Buch, bemühen sich, in der Unterwelt unerkannt zu bleiben, indem sie sich »grobe und defekte Kleider«[24] besorgen, ob sie tatsächlich notwendig ist, ist insofern fraglich, als sich die wahre Identität der beiden Gäste relativ rasch herausgestellt haben dürfte, etwa als Drawe fotografiert oder Kläger Fragen stellt.[25] Interessanterweise gibt sich der Ich-Erzähler als Olmützer, also als Fremder, aus, der zunächst mit den Wiener Ausdrücken, der Sprache der ›Griasler‹, nicht gut zurande kommt. Ganz im Gegenteil: In einem unachtsamen Moment rutscht ihm sogar ein hochdeutscher Satz heraus. Die verschiedenen ›Sprachen‹ markieren aber eine Grenze zwischen dem Beobachter und den Beobachteten: Diese Distanz ist der bürgerliche Eindringling seinem Publikum schuldig, sie ist eine erzählerische Strategie, die bei den Lesern wiederum Identifikation erzeugt. Immerhin gibt Kläger aber die direkten Reden seiner Figuren in authentischen Vokabeln versetzt wieder und vermeidet damit die Eindeutschung. Auf diese Weise wird Klägers Buch auch ein Dokument lokaler Sprachgeschichte. Das kleine Lexikon mit einschlägigen Begriffen am Ende des Buches leistet damit einen wertvollen Dienst. Die Sprachgrenzen zwischen dem Ich-Erzähler und seinen Untersuchungsobjekten verschwimmen allmählich, weil er, um die Menschen möglichst genau kennen zu lernen, täglich die Suppen- und Teeanstalt aufsucht und sich damit auch sprachlich anpasst.

Die erste Wanderung führt Kläger und Drawe nachts in den Sammelkanal am linken Donauufer zu den Obdachlosenlagern unter der Stephaniebrücke. Sie sind »für alle Fälle« mit einem »englischen Schlagring mit gehärteten Stahlspitzen und einem kleinen Revolver«[26] bewaffnet. Fragwürdig ist zunächst auch Klägers Identifikation des Elends mit dem Verbrechen, was ja der Titel des Buches eindrucksvoll nahelegt. Für Kläger ist der Sammelkanal eine »Werkstätte des Verbrechens«, die ihn noch dazu mit »schauerlicher Romantik« und »höchste[r] Spannung« erfüllt. Diese Auffassung mag einerseits der Naivität des Erzählers entspringen, der sich mit der Unterwelt erst vertraut machen muss, zum anderen steckt aber auch ein simplifizierender Kausalzusammenhang zwischen gesellschaftlichem Abstieg und krimineller Energie dahinter: »Aus diesen Gefängnissen, in die das kreisende Leben die Schwachen und Untauglichen hinabstößt, wachsen die gesellschaftsfeindlichen Taten empor. Hier bäumt sich das unterdrückte Recht auf Existenz mit der Kraft der Verzweiflung auf, wirft sich dem passiven Widerstande, den ihm die mitleidlose Gewalt der sogenannten Ordnung bietet, entgegen, und saugt aus seiner Erbitterung die verbrecherischen Impulse.«[27] Die meisten, die Drawe im Untergrund ablichtet, befinden sich in einem Dämmerzustand oder schlafen. Sie wirken weggetreten und betäubt. Rolf Schwendter scheint es, als sei »die wesentliche Erscheinungsform der Wiener Armen um die

Jahrhundertwende [...] die Permanenz einer bleiernen Müdigkeit gewesen zu sein«, die durch weite Fußmärsche zur Arbeitsstelle, durch den damals üblichen Arbeitstag von elf Stunden, durch Krankheit, Alkohol oder Trauer über verstorbene Familienmitglieder, wie es auch Kläger schildert, zustande kommt.[28]

Als Emil Kläger sein Buch im Jahr 1908 publiziert, ist das Wort ›Psychoanalyse‹ noch jung. Sigmund Freud verwendet es zum ersten Mal im Jahr 1896.[29] Die geheimnisvollen Mechanismen der Seele haben von nun an einen Namen, sie führen in einen Bereich, der Gedanken und Handeln steuern kann, zu Trieben und sonstigen Kräften, die im Kontext der Moderne Kontrollverlust suggerieren. Das Unbewusste, das sich, so Freud, seinen Weg in Träumen an die Oberfläche unserer bewussten Gedanken bahnt, macht sich vielleicht nicht nur in den Köpfen und Seelen der Menschen breit, sondern auch in der urbanen unterirdischen Topographie. Jene, die dort unten hausen müssen, sind ins Unbewusste der Stadt, vielfach auch ins Unbewusste ihrer Bewohner entschwunden. Umso größer ist die Überraschung, als Kläger und Drawe die Menschen oben über die Menschen unten aufklären. Die ersten waren sie freilich nicht. Der Wiener Polizei ist wohl ein Großteil der unterirdischen Quartiere schon lange vor allen Journalisten bekannt.[30]

Es nimmt nicht wunder, dass sich für Klägers und Drawes erfolgreichen Vortrag schon bald ein Verleger interessiert, nämlich Karl Mitschke. Aus einem rund eineinhalbstündigen Vortrag einen Text in Buchlänge zu machen, erfordert natürlich einige Zeit und Mühe. Das Buch hätte schon im November 1906 erscheinen sollen, und zwar unter dem rhythmisch noch wenig herausfordernden Titel *Die Wiener Quartiere des Verbrechens und Elends. Bilder aus den Sümpfen der Grossstadt.*[31] Die Metropole als Sumpf – ein gängiges Bild im Diskurs über die Verelendung jener Zeit. Zwei Jahre später, 1908, lässt Mitschke, vom hervorragend besuchten Vortrag offenbar ermutigt, die *Wiener Quartiere des Elends und Verbrechens* in einer Auflage von nicht weniger als 10.000 Exemplaren drucken. Wie viele davon auch tatsächlich verkauft wurden, ist mangels Quellen nicht mehr feststellbar, man darf aber annehmen, dass das Buch weniger Wirkung als die Vorträge entfaltete. Als es erscheint, ist Kläger keine dreißig Jahre alt. In seinem Vorwort konstatiert Friedrich Umlauft, dass das Publikum »wohl ein starkes, aufsteigendes Talent zu begrüßen« hätte, »das zum erstenmale mit Blitz und Ungewitter auf den Plan tritt, in seinem Sturm und Drang aber den Kern der Zukunft in sich trägt«.[32] Trotz dieser für ein Vorwort wenig überraschenden positiven Einschätzung ist Klägers Buch kein großer literarischer Wurf. Kläger schreibt mit den stilistischen Mitteln seiner Zeit, die dem Leser von heute wohl ein wenig antiquiert, mitunter auch pathetisch erscheinen mögen. Aber die sprachliche Hürde ist niedrig und man nimmt sie deshalb gern, weil Klägers Text Seltenheitswert besitzt. Von Zeitungsberichten abgesehen, gibt es nicht allzu viele ausführliche Reportagen, die sich mit dem Leben jenseits des verklärten Wiens der Wende vom 19. zum 20. Jahrhundert beschäftigen.

Was Kläger, Spiller, Winter und andere in (großteils literarisch eingefärbten) Tatsachenberichten schildern, ist in der

Literatur schon lange Thema.[33] Insofern kann man diese Art der Berichterstattung als einen Ausläufer eines Diskurses betrachten, der in der europäischen Literatur seit der ersten Hälfte des 19. Jahrhunderts existiert (auch wenn es keinen direkten Zusammenhang zwischen Literatur und Journalismus geben muss). Angefangen bei Charles Dickens ernüchternden Großstadtromanen, Emile Zolas Einblicke in die französische Gesellschaft bis zu Gerhart Hauptmanns Auseinandersetzungen mit den sozialen Zuständen seiner Zeit reicht das große Spektrum, das damit nur vage angedeutet ist. Auch in der Geschichtswissenschaft folgt ab den 1920er Jahren Jahren eine groß angelegte Wende, vor allem in Frankreich, wo sich durch die Historiker der ›Annales‹-Gruppe die Aufmerksamkeit auch auf bislang von der Geschichtsschreibung wenig oder gar nicht beachteten Bevölkerungsschichten richtet, freilich nicht mit der Absicht, die Lage der Benachteiligten zu verbessern, sondern um das Verständnis dessen, was Geschichte letztlich ist und ausmacht, zu verändern. Dieser Paradigmenwechsel, der weit reichende Auswirkungen auf die Themen und Methoden der Historiographie hatte, wirkt sich auch auf die Geschichtsschreibung in anderen Ländern aus und trifft dort jeweils auf lokale Bedürfnisse: In den USA etwa erleben neue Ansätze wie ›urban history‹ oder ›ethnic history‹ einen Aufschwung, während sich gleichzeitig die Methode der ›oral history‹, also der mündlichen erfragten und erzählten Geschichte etabliert. Erfragt wird das Leben jener, die ihre Geschichte nicht aufschreiben können, aber dennoch Teil dieser Geschichte waren und sind.

Dass Emil Kläger 1922 mit dem deutschen Naturalisten Gerhart Hauptmann zusammentrifft, mag mit Blick auf die gesteigerte Wirklichkeitswahrnehmung in der Literatur kein Zufall sein, hat aber natürlich und vermutlich vor allem mit Klägers Begeisterung für das Theater zu tun.[34] Hauptmann hat bis zu diesem Zeitpunkt bereits seine bis heute bekanntesten naturalistischen Stücke verfasst, in denen er die soziale Kälte in Deutschland als Folge der gesellschaftlichen, ökonomischen und technischen Umschichtungen direkt und ungekünstelt auf die Bühne bringt. Kläger selbst wagt sich 1923 an eine Nachdichtung des am 19. Jänner 1906 im Berliner Lessing-Theater uraufgeführten Stückes *Und Pippa tanzt*.[35]

Aber auch in Zeitungen und Magazinen im In- und Ausland hat man bereits über die Armut und die von ihr Betroffenen berichtet. Eines der prominentesten Beispiele aus den USA ist der dänische Einwanderer Jacob Riis, der ab 1877 als Polizeireporter in New York arbeitet und die Slums von Manhattan auch fotografisch dokumentiert, was vor allem sein erstes Buch *How the Other Half Lives* (1890) eindrucksvoll demonstriert. Und zwei Jahre vor Kläger, 1902 nämlich, ist der spätere Vizebürgermeister Wiens, Max Winter, auf die geradezu makabre Entdeckungstour durch Wiens Kanäle gegangen und publiziert 1904 sein Buch *Im dunkelsten Wien*.[36] Auch dieses schmale Werk könnte Anregung für Kläger und Drawe gewesen sein. Davon geht zumindest ein Beitrag in der Arbeiter-Zeitung aus, der behauptet, die *Wiener Quartiere* seien nicht mehr als ein Plagiat von Winters Buch.[37] Außer an Drawes Fotografien lässt der Artikel kein gutes Haar an

Klägers Text, was insofern nicht verwundert, als Max Winter seit 1895 Gerichtsreporter bei der Arbeiter-Zeitung ist.

Dennoch wirken die Vorträge und das Buch, zumindest aber deren Thema nach: Noch zwölf Jahre nach Erscheinen der *Wiener Quartiere*, 1919/20, sitzt der Regisseur, Drehbuchautor und Produzent Richard Land (d. i. Richard Liebmann, 1887–?) als Regisseur hinter der Kamera, um Klägers Buch zu verfilmen.[38] Die Darsteller sind diesmal aber nicht die Vagabunden und Obdachlosen, sondern Burgtheaterschauspieler, und der Stoff hat eine Handlung bekommen, in deren Mittelpunkt der Maturant Franz Licht steht. Durch eine Verkettung unglücklicher Taten und Umstände gerät Licht in ›schlechte Gesellschaft‹, verliert dadurch Vater und Mutter, was ihm die Rückkehr ins alte Leben unmöglich macht. Schließlich endet er im Wahnsinn und begeht Selbstmord. Die Uraufführung findet im April 1920 statt, der Film ist heute verschollen.

Kläger hat, zumindest aus heutiger Sicht, geholfen, das Wiener Fin de siècle aus dem verklärenden Dunst des Kitsches zu befreien. Er war selbst Teil des widersprüchlichen Kosmos, den er beschrieben hat, ein Wiener Bürger, der es wagte, gegen den Strich zu schreiben, ohne freilich die bürgerliche Gesellschaft in Frage zu stellen. Einem wienerischen Klischee dürfte Kläger jedoch erlegen sein, nämlich der Last, in Wien zu leben, von hier aber nicht fortgehen zu wollen. Als er sich 1922 nach seinem Gespräch mit Gerhart Hauptmann, der vom ›goldenen Wien‹ geschwärmt hat, vom Dichter verabschiedet, vermerkt Kläger: »Ich dachte bitter zu Ende: Stadt der Träume, nicht wahr? Da man wachend in ihr nicht leben kann ...«.[39] Und in einem Brief an den Schriftsteller Franz Nabl (1883–1974) vom 3. Juni 1929 tröstet er diesen über die offenbar prekäre Lage eines österreichischen Schriftstellers im eigenen Land.[40] »Die Wiener Negation trifft so ziemlich jedes heimische Talent, soweit es über die Masse der Utilität hinaus zu wachsen sich erkühnt«, heißt es etwa darin. Kläger rät Nabl, sich von dieser negativen Einstellung nicht beirren zu lassen, denn immerhin: »Unsere Landschaft ist schön, das Rindfleisch ist gut.« Man dürfe vom Vaterland, so Kläger abschließend, nichts Unmögliches verlangen.

Anmerkungen

1   Else Spiller: Slums. Erlebnisse in den Schlammvierteln moderner Großstädte [1911]. Hg. v. Peter Payer. (Bibliothek der Erinnerung 8) Wien: Czernin 2008, S. 9.

2   Ebenda, S. 10.

3   Peter Payer: Die Weitung des Blicks. Eine Frau erforscht die dunklen Seiten der Großstadt. In: Else Spiller: Slums (Anm. 1), S. 133–177, hier S. 153.

4   Victor Adler: Die Lage der Ziegelarbeiter. In: Gleichheit, Nr. 48, 1. Dezember 1888. Für den Hinweis auf diesen Beitrag danke ich Petra Rainer. Zum ›Trucksystem‹ schreibt Adler: »Sondern zwei- bis dreimal täglich folgt die Auszahlung in ›Blech‹, ohne daß auch nur gefragt wird, ob der Arbeiter es will und braucht. Noch mehr, wer kein Blech nimmt, wird sofort entlassen. Dieses ›Blech‹ wird nur in den den einzelnen Partien zugewiesenen Kantinen angenommen, so

daß der Arbeiter nicht nur aus dem Werk nicht herauskam, weil er kein ›gutes Geld‹ [= Bargeld] hat, sondern auch innerhalb des Werkes ist jeder einem besonderen Kantinenwirt als Bewucherungsobjekt zugewiesen. Die Preise in diesen Kantinen sind bedeutend höher als in dem Orte Inzersdorf. Ein Brot, das in Inzersdorf 4 kr. kostet, muß der Ziegelarbeiter mit 5 kr. Blech bezahlen. Ebenso sind Bier, Schnaps, Speck, Wurst und Zigarren in der Kantine entsprechend teurer, die Qualität der Nahrung ist natürlich die denkbar elendeste. Im Gefühl seiner Macht sagte ein Wirt einem Arbeiter, der sich beklagte: ›Und wenn ich in die Schüssel sch..., müßt ihr's auch fressen.‹ Und der Mann hat recht, sie müssen!«

5   Siehe dazu etwa Seth Koven: Slumming. Sexual and Social Politics in Victorian London. Princeton: Princeton University Press 2006.

6   Peter Ackroyd: London. Die Biographie. Aus dem Englischen v. Holger Fliessbach. München: Knaus 2002, S. 601. Zu Charles Booth siehe auch Alex Werner: Charles Booth. Die Kartierung der Londoner Armut. In: Werner Michael Schwarz, Margarethe Szeless, Lisa Wögenstein (Hg.): Ganz unten. Die Entdeckung des Elends. Wien, Berlin, London, Paris, New York. Wien: Brandstätter 2007, S. 27–29.

7   Zit. nach Peter Ackroyd: London (Anm. 6), S. 603.

8   Drawe, der in verschiedenen Quellen als ›Gerichtssekretär‹ bezeichnet wird, dürfte zu diesem Zeitpunkt tatsächlich schon Richter gewesen sein. Bei Petrasch (siehe Anm. 9, S. 42) ist er ein »bekannter Wiener Strafrichter«.

9   Wilhelm Petrasch: Die Wiener Urania. Von den Wurzeln der Erwachsenenbildung zum lebenslangen Lernen. Wien/Köln/Weimar: Böhlau 2007, S. 42.

10 Ebenda, S. 42f.

11 Einen knappen Überblick gibt u. a. der Nachruf »Emil Kläger gestorben.« in: Neue Freie Presse, 2. Juni 1936, Nr. 25764, S. 3.

12 Auf dem undatierten, aber vermutlich nach dem 22. Februar 1936, also rund einem halben Jahr vor seinem Tod ausgefüllten ›Standesausweis‹ (Archiv der Akademie für darstellende Kunst, Wien) ist als Geburtsdatum der 10. Oktober 1888 vermerkt. Kläger dürfte dieses Formular aber nicht selbst ausgefüllt haben.

13 Martin Pollack: Anklage Vatermord. Der Fall Philipp Halsmann. Wien: Zsolnay 2002, S. 111f.

14 Emil Kläger: Das Menschenschutzgesetz. Aufruf und Entwurf. Wien/Leipzig: Manz 1935, S. 5f. In diesem Buch kündigt Kläger eine umfassendere Publikation zum Thema an, zu der es aber nicht mehr gekommen ist.

15 Hinweis von Erwin Strouhal, Archiv der Akademie für darstellende Kunst, Wien, vom 18. Oktober 2010.

16 »Das Seminar wurde 1931–38 als privates Institut geführt und war zu dieser Zeit nicht Teil der Akademie für Musik und darstellenden Kunst.« (Hinweis von Erwin Strouhal, Archiv der Akademie für darstellende Kunst, Wien, vom 18. Oktober 2010.)

17 Siehe dazu den Katalog: Schwarz, Szeless, Wögenstein (Hg.): Ganz unten (Anm. 6).

18 Emil Kläger: Durch die Wiener Quartiere des Elends und Verbrechens. Ein Wanderbuch aus dem Jenseits. Wien: Karl Mitschke 1908, S. 8.

19 Ebenda, S. 22.

20 Ebenda, S. 22.

21 Vgl. Josef Seiter: »Elendsbefreiung kann nicht sein ohne Elendserkenntnis«. Sozialreportage und sozial engagierte Fotografie in Wien um 1900. In: Spurensuche 14 (2004), Heft 1–4, S. 142–163, hier S. 144. Zu Drawe siehe auch Christian Brandstätter: Durch die Wiener Quartiere des Elends und Verbrechens. Anmerkungen zum Werk des Wiener Amateurfotografen Hermann Drawe. In: fotogeschichte 2 (1982), Heft 6, S. 23–40. Darüber hinaus Margarethe Szeless: Ar-

muts- und Elendsphotographien von Hermann Drawe. Analyse stilistischer, inhaltlicher und struktureller Aspekte der Dokumentarserie »Durch die Wiener Quartiere des Elends und Verbrechens« des Amateurphotographen Hermann Drawe. Wien: Diplomarbeit 1997.

22 Emil Kläger: Durch die Wiener Quartiere des Elends und Verbrechens (Anm. 18), S. 28f.

23 Ebenda, S. 42.

24 Ebenda, S. 29.

25 Diese Meinung findet sich auch in Werner M. Schwarz, Margarethe Szelles, Lisa Wögenstein: Bilder des Elends in der Großstadt (1830–1930). In: Schwarz, Szelles, Wögenstein (Hg.): Ganz unten (Anm. 6), S. 9–17, hier S. 9. Die Autoren vermuten, dass die Tarnkleidung von Kläger und Drawe, in der sie sich haben ablichten lassen, lediglich Kostüm ist, also nur das Publikum ihrer Vorträge beeindrucken sollte.

26 Emil Kläger: Durch die Wiener Quartiere des Elends und Verbrechens (Anm. 18), S. 43.

27 Ebenda, S. 55.

28 Rolf Schwendter: Armut und Kultur der Wiener Jahrhundertwende. In: Jürgen Nautz/Richard Vahrenkamp (Hg.): Die Wiener Jahrhundertwende. Einflüsse – Umwelt – Wirkungen. (Studien zu Politik und Verwaltung 46) Wien u. a.: Böhlau ^{2}1996, S. 677–693, hier S. 691.

29 Peter Gay: Sigmund Freud. Eine Biografie für unsere Zeit. Frankfurt/M.: S. Fischer 1989, S. 122.

30 Darauf deutet die Aussage eines ›Griaslers‹ hin, der Kläger und Drawe für eine Polizeistreife hält. Siehe Emil Kläger: Durch die Wiener Quartiere des Elends und Verbrechens (Anm. 18), S. 52.

31 Siehe das Inserat des Verlegers Karl Mitschke in: Börsenblatt, Nr. 256, vom 3. November 1906. Für den Hinweis danke ich Murray G. Hall. Der Katalog der Österreichischen Nationalbibliothek verzeichnet zwischen 1903 und 1908 zwölf Publikationen des Verlags Karl

Mitschke, darunter vor allem Bücher für Jäger. Ein Programm-schwerpunkt ist nicht erkennbar. Mitschke dürfte ein Gelegenheits-verleger gewesen sein, der vermutlich nach der Publikation der *Wiener Quartiere* keine verlegerische Tätigkeit mehr entfaltete. In den Archiven der Wirtschaftskammer und des Hauptverbands des Österreichischen Buchhandels sind keine Unterlagen über den Ver-lag vorhanden.

32 Emil Kläger: Durch die Wiener Quartiere des Elends und Verbre-chens (Anm. 18), S. 3.

33 Siehe dazu auch Schwarz, Szelles, Wögenstein: Bilder des Elends in der Großstadt (1830–1930) (Anm. 25).

34 Siehe dazu Emil Kläger: Begegnung mit Gerhart Hauptmann. In: Neue Freie Presse, 20. September 1922, Nr. 20845, S. 1–3. Hinter-grundinformationen zu dieser Begegnung bietet H. D. Tschörtner (Hg.): Gespräche und Interviews mit Gerhart Hauptmann (1894–1946). (Veröffentlichungen der Gerhart-Hauptmann-Gesellschaft 6) Berlin: Schmidt 1994, S. 76.

35 Emil Kläger: Pippa's Tanz. Das Märchen vom deutschen Michel. Gerhart Hauptmanns Märchendrama ›Und Pippa tanzt ...‹ nachge-dichtet von Emil Kläger. Wien/Leipzig: Wila 1923.

36 Max Winter: Im dunkelsten Wien. Wien/Leipzig: Wiener Verlag 1904. Zu Max Winter siehe u. a. Stefan Riesenfellner: Der Sozialreporter. Max Winter im alten Österreich. Wien: Verlag für Gesellschaftskritik 1987; Max Winter: Expeditionen ins dunkelste Wien. Meisterwerke der Sozialreportage. Hg. v. Hannes Haas. Wien: Picus 2008.

37 H. Sch.: »Durch die Wiener Quartiere des Elends und Verbrechens«. In: Arbeiter-Zeitung, 12. Jänner 1908, Nr. 11, S. 8–9.

38 Siehe Artikel über Robert Land in: Christian Dewald (Hg.): Film-himmel Österreich IV. Techniken des Überlebens. Wien: Verlag des Filmarchivs Austria 2006, S. 12–15.

39 Emil Kläger: Begegnung mit Gerhart Hauptmann (Anm. 34), S. 3.
40 Emil Kläger an Franz Nabl; Wien, 3. Juni 1929 (Franz-Nabl-Institut für Literaturforschung, Universität Graz).

Zur Gestalt dieses Buches

Die *Wiener Quartiere des Elends und Verbrechens* präsentieren sich in ihrem ursprünglichen Aussehen als Faksimile-Ausgabe. So wie Roland Barthes* beim Anblick einer Fotografie, auf der der jüngste Bruder von Napoleon, Jérôme, abgebildet ist, meinte, die Augen zu sehen, die den französischen Kaiser gesehen haben, ist auch diese Ausgabe gedacht: Sie ermöglicht es uns, heute einen Text auf dieselbe Weise zu sehen, wie das Publikum vor über 100 Jahren. Nicht nur der Inhalt, sondern auch das Aussehen des Textes führt uns also in eine Zeit, deren Ferne sie uns fremd macht. Eines hat diese Vergangenheit aber mit unserer Gegenwart gemein: Die Armut sieht man heute wie damals nicht. Die Gestalt dieses Buches verdankt sich also dem Bemühen um historische Authentizität einer Geschichte.

Die Wiedergabequalität der Fotos lässt zum Teil zu wünschen übrig. Das liegt an der mangelhaften Qualität der Druckvorlagen, die im Lauf der Zeit verblasst sind und in der digitalen Reproduktion nicht mehr an Güte gewinnen können.

* Roland Barthes: Die helle Kammer. Bemerkung zur Photographie. Aus dem Französischen v. Dietrich Leube. Frankfurt/M.: Suhrkamp 1985, S. 11.

Der Herausgeber

ERNST GRABOVSZKI, geboren 1970 in Hainburg, studierte Vergleichende Literaturwissenschaft und Germanistik in Wien. Er arbeitete nach dem Ende seines Studiums vor allem im Verlags-
wesen, derzeit in einem internationalen Wissenschaftsverlag. Er
ist seit 1996 Lehrbeauftragter am Institut für Europäische und
Vergleichende Sprach- und Literaturwissenschaft, Habilitations-
projekt zum Thema ›Rezeption fremdsprachiger Literatur in den
Medien des Kulturbunds der DDR‹, Gerichtssachverständiger,
Verleger. Infos: www.grabovszki.com.

danzig & unfried
www.danzigunfried.com

© 2011 danzig & unfried, Wien
2., unveränderte Auflage
Gesamtherstellung: danzig & unfried, Wien
Druck: Libri, Norderstedt
Umschlag unter Verwendung einer Fotografie
von Hermann Drawe

ISBN 978-3-902752-01-7